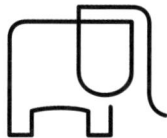

BODY KITCHEN

100+ POWER-REZEPTE DER ERFOLGREICHSTEN FITNESS-YOUTUBER

ELECTRIC ELEPHANT
PUBLISHING

WARUM BODY KITCHEN?

UND WARUM FITNESS-YOUTUBER EIN KOCHBUCH SCHREIBEN

Wer in Deutschland ein schönes Kochbuch kaufen möchte, muss nicht lange suchen. In den Kochbuchabteilungen der Online- und Offline-Buchhändler reicht oft ein Griff beziehungsweise Klick, um an die schönsten Formate, besten Rezepte und tollsten Ernährungskonzepte zu kommen. Was es jedoch bisher noch nicht gab, ist ein reines Fitness-Kochbuch. Ohne Trainingspläne, Ernährungsregeln oder 31-Tage-Challenges, um sich eine bestimmte Diät anzueignen. Body Kitchen versteht sich als klassisches Kochbuch und als Grundlagenwerk für die Fitnessküche.

Body Kitchen zeichnet seine Alltagsnähe aus, deswegen sind die Rezepte auch nicht von Profiköchen oder Ernährungswissenschaftlern entwickelt worden, sondern mit Repräsentanten einer jungen Zielgruppe, in deren Alltag Sport und Aktivität eine große Rolle spielt. Denn kaum ein Koch oder Forscher ist so nah dran am Leben wie unsere YouTube-Stars, die jeden Tag mit ihrer Community in engem Kontakt stehen. Sie nehmen ihre Follower per Kamera und Smartphone mit ins Fitnessstudio, in die Kampfsportschule und eben auch mit in ihre Küche. Sie erklären verständlich, wie sie sich motivieren, neue Kraft schöpfen und was bei ihnen auf den Teller kommt.

„Was frühstückst du morgens, um gut in den Tag zu starten?" oder „Was isst du nach einem harten Training, um deine Kohlenhydratspeicher aufzufüllen?". Solche Fragen bekommt das Trio häufig gestellt, als Kommentar zu den Videos oder direkt per Mail. Und immer wieder taucht die Bitte nach gesunden, einfachen und funktionierenden Rezepten auf. Schließlich wissen immer mehr Menschen, wie entscheidend die Ernährung für Alltag und Fitness ist. Aber eben nicht so kompliziert wie in Profi-Kochbüchern, in denen zwar jeder Salat himmlisch lecker aussieht, aber höllisch aufwändig in der Zubereitung ist.

Es war also gar nicht so ungewöhnlich, dass irgendwann der Gedanke aufkam, diese Ratschläge zu veröffentlichen. Denn hinter Flavio, Rafael und Uwe stecken weit über 30 Jahre geballte Fitness-Kompetenz. In dieser Zeit haben die Jungs Hunderte von Fachbüchern, Artikel und Studien über Motivation, Leistung, Nahrungsmittel und Training gelesen, außerdem mit unzähligen Experten und Sportlern gesprochen und zahllose Wettkämpfe absolviert. Uwe hat beispielsweise den Ersten Meistergrad im Kung Fu, war 2013 Deutscher Meister im Kickboxen, und mehrfacher Grand Champion. Sein Trainingsaufwand oder der von Flavio und Rafael kann locker mit jedem Profi-Sportler aus dem deutschen Olympiakader oder der Bundesliga mithalten. Mit dem Unterschied, dass das Trio keinen zehn Mann starken Mitarbeiterstab um sich hat, der sich um die Mahlzeiten und den Trainingsplan kümmert und ihnen die Beine massiert.

Noch wichtiger: Sie sind Praktiker und haben sich nicht nur die Theorie angeeignet. Eine neue Trainingsmethode? Ein vielversprechendes Superfood? Solche Trends gehen bei den Jungs durch eine strenge Qualitätskontrolle, nämlich durch ihre Körper. Erst wenn sie selbst überzeugt sind, Veränderungen oder Erfolge spüren, berichten sie auch darüber. Oder aber sagen es direkt, wenn sie etwas für Humbug halten.

Über eine Million Fans verfolgen zurzeit das Leben der drei. Tausende treten in ihre Fußstapfen, erleben die gleichen Erfolge und Krisen, spüren das gleiche Muskelbrennen und die Glückshormone, wenn sie ihr Tagesziel erreicht haben. Wer könnte also authentischer und überzeugender sein?

Ein Buch wie dieses sucht man bisher vergebens: von Machern für Macher. Mit Tipps und Tricks, die dich in puncto Ernährung und Motivation nach vorn bringen und einem riesigen Rezeptteil. Um die Gerichte zuzubereiten, brauchst du weder viel Zeit oder Erfahrung, noch exotische Zutaten oder Küchengeräte. Viele von ihnen lassen sich perfekt vorbereiten und mit ins Büro oder ins Studio nehmen. Auch das war Uwe, Flavio und Rafael wichtig und steht stellvertretend für unser gemeinsames Credo: Jeder Weg beginnt mit dem ersten Schritt.

ALSO LEG' LOS UND HAB SPASS!

INHALTSVERZEICHNIS

■ BODY KITCHEN – DAS FITNESS-KOCHBUCH — 10
- SO DENKEN UND ARBEITEN DIE YOUTUBER — 12
- DAS VERSTEHEN WIR UNTER EINER AUSGEWOGENEN ERNÄHRUNG — 16

■ DER UMGANG MIT DIESEM BUCH — 22
- DAS STECKT HINTER DEN REZEPTEN UND DEN REZEPTKATEGORIEN — 24
- DEIN ERNÄHRUNGSPLANER — 28
- SO ÄNDERE ICH MEINE ERNÄHRUNGSGEWOHNHEITEN — 30

■ DIE REZEPTE — 34

■ KÜCHEN-STANDARDS — 210
- DAS BESTE HANDWERKSZEUG FÜR DIE FITNESSKÜCHE — 214
- DAS GEHÖRT IN DIE FITNESSKÜCHE — 216
- SO KAUFST DU RICHTIG EIN — 217

■ NÄHRSTOFFE — 222
- WARUM WASSER SO WICHTIG IST — 224
- WAS SIND EIGENTLICH KOHLENHYDRATE — 228
- WAS SIND EIGENTLICH BALLASTSTOFFE — 232
- WARUM DEIN KÖRPER FETTE BRAUCHT — 234
- DARUM SIND MILCHPRODUKTE GUT FÜR DICH — 237
- DARUM BRAUCHT DEIN KÖRPER PROTEINE — 238

■ COMMUNITY — 242
- KÜCHENTRICKS ERFAHRENER FOOD-BLOGGER — 244
- FAQ: 7 DER AM HÄUFIGSTEN GESTELLTEN FRAGEN — 246
- BUCHENTSTEHUNG UND FORTSETZUNG — 248

FLYING UWE
SEITE 34 - 91

RAFAEL MCSTAN
SEITE 154 - 209

FLAVIO SIMONETTI
SEITE 92 - 153

BODY KITCHEN

DAS FITNESS KOCHBUCH

———

01

SO DENKEN UND ARBEITEN DIE YOUTUBER – UND SO KANN ICH MIR DIESE DENKWEISE ANEIGNEN

Für Flavio, Flying Uwe und Rafael ist ihre sportliche Leidenschaft längst zur Profession geworden. Sie zählen zu den ersten und erfolgreichsten YouTubern im Fitnessbereich und begeistern zusammen weit über eine Million Abonnenten. Hier verrät das Trio, was es motiviert und wie jeder von ihrer Einstellung profitieren kann.

Erfolg beginnt im Kopf. Denn hier ist tatsächlich das Hauptquartier unserer Motivation, ohne sie läuft dauerhaft nichts – weder sportlich, ernährungstechnisch noch beruflich. Die Krux: Der Wille, sich zum Beispiel mehr zu bewegen, gesünder zu essen oder im Job mehr Gas zu geben sowie der passende Startknopf dazu sind in unserem Gehirn leider in unterschiedlichen Regionen angelegt und nicht besonders gut miteinander vernetzt. Genauer gesagt: Im linken Hirnbereich befindet sich das Intentionsgedächtnis, im rechten das Ausführungssystem. Und auf dem Weg von Wunsch zur Wirklichkeit kann theoretisch einiges schief gehen: Das Wetter ist zu mies, um eine Runde zu laufen, aus dem Döner-Laden kommt so ein verführerischer Duft und die Idee von der Selbständigkeit stockt an nervigen Selbstzweifeln. All das kennen auch unsere YouTube-Stars. Allerdings beherrschen sie Strategien gegen solche Durchhänger!

DEN PASSENDEN SCHLÜSSEL FINDEN

Der einfachste Weg, um langfristig Leistung zu bringen, ist es, seinen persönlichen Antrieb zu finden. Warum willst du dich verändern, mehr Sport oder eine Weiterbildung machen? Um endlich keine Rückenschmerzen mehr zu haben oder die nächste Karrierestufe zu erklimmen? **Halte dir immer wieder vor Augen, welchen Gewinn dir die Erfüllung deines Wunsches bringt.** Vor allem emotionale Gründe garantieren eine große Halbwertszeit, wie etwa bei Flying Uwe: „Mein leiblicher Vater ist mit 21 Jahren gestorben. Er war ein großer Kung-Fu-Fan und hat auch schon Videos von seinem Training gedreht. Als Kind habe ich mir die Filme immer wieder angeguckt. Unterbewusst war und ist er ganz sicher meine Inspirationsquelle und mein Motivator, obwohl ich mich kaum mehr an ihn erinnern kann." Der Vater einer kleinen Tochter und Unternehmer trainiert sechs Mal pro Woche, teilweise morgens und abends. Er weiß, was wenig Freizeit bedeutet und verdeutlicht immer wieder, wie entscheidend es ist, die angestrebte Marschrichtung zu fokussieren: **„Stell dich darauf ein, dass Veränderung Arbeit bedeutet. Nur wenn du dazu bereit bist, klappt es."** Auch Rafael hat klare Motive für seine Zielstrebigkeit: „Mein Training verfolge ich deswegen so strikt, weil ich glaube, dass ein gesunder Körper die Basis ist, um bis ins hohe Alter fit zu bleiben. Ich möchte nicht mit 70 sabbernd in einem Stuhl hängen. Auch in meinen YouTube-Job investiere ich viel Zeit, weil ich meinen Zuschauern einen Mehrwert liefern möchte und mich ihr Feedback antreibt. **Ich rate jedem, sich Gleichgesinnte zu suchen. Denn eine Gemeinschaft entwickelt eine ungeheuer starke Dynamik.** Irgendwann setzte sich in mir der Gedanke durch, der gute Geist der Fitness-Fans zu werden, der ehrlich berät und unterstützt. Diese Aufgabe möchte ich erfüllen." Flavios Initialzündung, seine Begeisterung fürs Krafttraining mit anderen zu teilen, hatte ursprünglich einen banalen Hintergrund. „Ich wollte unbedingt etwas Eigenes auf die Beine stellen und mit meiner Leidenschaft mein eigener Chef werden. Deswegen suchte ich gezielt nach einer Geschäftsidee und brachte 2008 ein E-Book zum Thema Muskelaufbau heraus. Zu diesem Zeitpunkt waren E-Books in Deutschland noch relativ unbekannt. Der Schritt, das Online-Geschäft auszubauen und YouTuber im Fitnessbereich zu werden, war relativ naheliegend. Auch, wenn ich zuerst unsicher war und Angst hatte, mich zu blamieren. Die Produktion meines ersten Zehn-Minuten-Videos dauerte daher acht Stunden! Doch dann war ich zufrieden, weil ich 100 Prozent gegeben hatte. Und das ist meine Devise:

> **„WER ALLES GIBT, STICHT AUS DER MASSE HERVOR UND SETZT SICH DURCH."**

KONSEQUENT SEIN – UND BLEIBEN

Das sieht auch Rafael so und empfiehlt: „**Gewöhne dir sofort Routinen an, egal was du vorhast.** Viele scheitern, weil sie nicht zielstrebig genug sind. Dann kann es nicht klappen. Erstelle dir einen Wochenplan, in dem du deine Termine einträgst. So hast du einen guten Überblick und verzettelst dich nicht. Falls Sport dein neues Projekt ist, trage deine Trainingszeiten ein, wie einen festen Termin zum Reifenwechsel. **Lass' in den ersten Monaten keine Ausnahme zu.** Dann gehört der Sport oder das Lernen bald zu deinem Leben wie das Zähneputzen. Darüber denkst du ja auch nicht mehr nach." Flying Uwe rät zudem zu Geduld: „Nichts verändert sich in wenigen Wochen weder ein Körper, noch eine Einstellung. **Schaff' als erstes eine gute Basis und informiere dich umfassend.** Wichtig ist immer, dass das Grundgerüst stimmt, auf dem du aufbaust. Das bedeutet zum Beispiel beim Sport: Setz' dich nicht sofort mit vielen Gewichten an eine Maschine und gib alles. Dann kannst du vor Muskelkater fünf Tage nicht trainieren und bist frustriert. Lass' dir lieber eine saubere Ausführung durch einen Trainer zeigen und steigere dich langsam."

„UMSTELLUNG MUSS AUCH IM KOPF STATTFINDEN."

Dafür plädiert auch Flavio: „Eine ernsthafte Leidenschaft zu entwickeln, dauert seine Zeit. Die ersten Jahre – als Kraftsportler und auch als YouTuber – waren hart. Die schnellen Erfolge, von denen ich geträumt hatte, blieben aus. Und trotzdem bin ich dran geblieben, weil ich meine Intention nie in Frage gestellt habe." Hier kann ein engagierter Mentor helfen, an dem man sich orientieren kann und der einem die richtigen Kniffe zeigt. Auch die YouTube-Community ist für alle Motivation – und zwar nicht nur die Anzahl der Abonnenten oder Klicks, sondern auch der direkte Austausch per Kommentar oder Mail. Und wenn die Jungs trainieren, dann zielstrebig. „**Sport ist kein Kaffeekränzchen!** Klar unterhalte ich mich auch mal zwischendurch, aber dann sage ich: So, ich muss jetzt was tun. **Meine Zeit ist zu wertvoll, um sie zu verschwenden**", sagt Flying Uwe dazu.

KREATIV WERDEN

Durchkreuzt doch mal akute Unlust ein Vorhaben, zaubern die drei jede Menge Tricks aus dem Hut. Flavio: „Oft steckt hinter einer Motivationskrise Langeweile. Dann überdenke ich mein Ziel oder beim Sport mein Trainingskonzept und baue neue Übungen ein. Das ist dann konkreter als einfach ins Blaue hineinzuarbeiten." Flying Uwe rät, den Grund zu finden: „Jeder hat mal einen miesen Tag, an dem er Null Bock hat. Bei mir ist das so, wenn ich zu viel gearbeitet oder weniger als sechs Stunden geschlafen habe. Bevor ich eine Verletzung riskiere oder nur halbherzig etwas mache, höre ich lieber auf meinen Körper und gönne ihm ein paar Stunden Ruhe. Danach kann ich dann wieder voll durchstarten. Ist es aber nur eine Kopfsache, dann gilt, was gerne beim Sport zutrifft:

ÜBERWINDE DICH UND IGNORIERE DEINE NEGATIVEN GEDANKEN!

Mach' gar nicht erst einen Zwischenstopp zu Hause, sondern nimm' morgens schon deine Sporttasche mit zur Arbeit und gehe direkt danach ins Studio." Rafael verlässt in solchen Phasen gerne mal seinen üblichen Pfad und geht ganz neue Wege. So veröffentlicht er statt seiner bekannten Workout-Videos auch mal Filme zu anderen Themen – zum Beispiel einen Erfahrungsbericht über seine Augenoperation, durch die er seine Fehlsichtigkeit korrigieren ließ. Auch sportlich experimentiert der YouTuber gerne, wagt sich aus dem Fitnessstudio und spielt eine Runde American Football. „Solche Ausflüge sind mir wichtig. **Der Blick nach links und rechts bringt ganz andere Eindrücke.** Ich bin ein neugieriger Typ und bleibe mir damit selbst treu. Außerdem bringen diese Exkurse neuen Input, sowohl für mich, als auch für die Zuschauer, selbst wenn sie nichts mit Fitness zu tun haben." Die drei plädieren zudem, sich ständig geistig weiterzuentwickeln, Zeitschriften und Fachbücher zu lesen, sich Tutorials im Internet anzuschauen und mit Gleichgesinnten auszutauschen. Auch das steigert die Lust, das neu Erlernte auszuprobieren. Gleichzeitig schützt Wissen davor, falsch zu trainieren und den Körper zu belasten. So findest du schneller und leichter deinen eigenen Weg.

DIE BLICKRICHTUNG VERÄNDERN

Was echte Sieger ausmacht? Darüber sind sich die Youtube-Stars einig: ihre Sicht der Dinge. Flying Uwe: „Ich glaube an mich und an das, was ich mache. Alle wichtigen Grundsätze im Leben habe ich beim Kampfsport gelernt. Deswegen ist Sport meine persönliche Religion. **Wenn ich an meine Grenzen stoße, sehe ich sie nicht als unüberwindbare Hürde.** Ganz im Gegenteil! Ich merke: Okay, hier geht´s also richtig los und morgen bin ich dann ein Stück besser. Ich drehe es ins Positive. Das gilt für alle Herausforderungen. Vor allem Kampfsport findet auch im Inneren statt und zeigt dir, wie stabil und zielstrebig du bist. Und mit jedem Training wirst du gewissenhafter und spürst, wie gut dir der Sport tut. Wenn ich zwei Tage nicht trainiere, sagt meine Freundin zu mir: „Uwe, geh' bloß trainieren. Du bist so angespannt und unruhig." Und das stimmt. Ich brauche die Herausforderung, um glücklich zu sein." Auch für Rafael ist seine Arbeit schon lange keine Pflicht mehr, sondern Kür: „**Ich genieße bewusst die Zeit, in der ich etwas für mich tun kann und nicht fremdbestimmt bin.** Das ist doch der wahre Luxus! Das sind kostbare Möglichkeiten, über sich nachzudenken und neue Ideen zu entwickeln." Bei Flavio sind es vor allem zwei Erkenntnisse, die ihn bei der Stange halten: „Erstens: **Der Grund etwas zu wollen muss größer sein als die potentielle Ausrede.** Ich wollte ganz früher mehr Muskeln, weil ich in ein Mädel verliebt war und mir damit größere Chancen bei ihm ausrechnete. Doch das reicht nicht als Motiv. Sonst ist das Mädchen zwar irgendwann deine Freundin, dafür ist jedoch der Antrieb weg. Bei mir ist es das gute Körpergefühl, für das ich mindestens drei Mal pro Woche Gewichte stemme." Und der zweite Aha-Effekt? „**Nichts ist in Stein gemeißelt. Entwickle deine eigenen Regeln und Gesetze.** Arbeite und trainiere in deinem Tempo, so wirst und bleibst du zufrieden. Ich bin zum Beispiel nur drei Mal pro Woche für 30 bis 40 Minuten im Studio, dafür trainiere ich dann sehr intensiv. Und achte genau auf deine Ernährung. Sie wird von den meisten extrem unterschätzt. Dadurch erschwert man sich unter Umständen den Alltag und das Training." Wie eine ausgewogene Sportler-Ernährung aussieht und eine Ernährungsumstellung optimal funktioniert, lest ihr in den Kapiteln „Das verstehen wir unter einer bewussten und ausgewogenen Ernährung" und „So ändere ich meine Ernährungsgewohnheiten."

DAS VERSTEHEN WIR UNTER EINER BEWUSSTEN UND AUSGEWOGENEN ERNÄHRUNG

Dank umfangreicher Studien und diagnostischer Leistungszentren ist mittlerweile klar, worauf aktive Menschen achten sollten und wie wir durch die richtige Nahrung unsere Leistung im Alltag und Sport steigern können. Die wichtigsten Fakten im Überblick:

DER RICHTIGE MIX MACHT'S

Egal, ob du Sportler oder Büromensch bist: Um abzunehmen oder Muskeln aufzubauen, gilt grundsätzlich, dass deine Ernährung vernünftig langfristig umsetzbar und ausgewogen sein sollte. Was du täglich zu dir nimmst, ist im Idealfall also vielfältig und besteht immer aus allen wichtigen Nahrungsbestandteilen.

Diese werden unterteilt in Makro- und Mikronährstoffe. Zu den Makronährstoffen zählen Eiweiß (Protein), Fett und Kohlenhydrate. Die drei bilden das Fundament deines Körpers und sollten auch die Basis deiner Ernährung sein, da sie für die Energiegewinnung entscheidend sind. Mikronährstoffe wie Vitamine, Mineralstoffe, Spurenelemente und auch Wasser liefern zwar selbst keine Energie, ohne sie können allerdings bestimmte Nährstoffe nicht „geknackt" und vom Körper aufgenommen werden. Nur die Kombination aus beiden garantiert dir dauerhaft Gesundheit und Leistungsfähigkeit.

Nur ein Ernährungsprinzip, das zu deinem Leben passt und ohne großen Aufwand in deinen Alltag integrierbar ist, kann auch funktionieren. Niemand der einen bewegten und beschäftigten Alltag hat, wird langfristig eine exotische Ernährungsform durchhalten, bei der er täglich einkaufen, kochen oder in lange Zubereitungszeiten investieren muss.

WIE SIEHT DIE BEWUSSTE ERNÄHRUNG NUN AUS?

Am unkompliziertesten und effektivsten funktioniert eine bewusste Ernährung mit vielen frischen, unverarbeiteten und natürlichen Lebensmittel, im Idealfall in Bio-Qualität und saisonal. Industriell verarbeitete Produkte sollten dagegen die Ausnahme sein. Zu viel Salz, Zucker und Transfettsäuren sind für die Zunahme an Zivilisationskrankheiten wie Übergewicht und Diabetes verantwortlich, wie man heute weiß.

Frische Lebensmittel sorgen dafür, dass deine Depots permanent und mit guten Nährstoffen aufgefüllt werden – eine entscheidende Voraussetzung, um deinen täglichen Anforderungen und dem Stress zu trotzen! Das stetige Auffüllen deiner Speicher für Vitamine, Mineralstoffe und Spurenelemente ist

DIÄTEN BRINGEN'S NICHT

38 Prozent aller Deutschen haben laut dem Institut für Demoskopie Allensbach schon mindestens eine Diät gemacht. Der Großteil davon ohne Erfolg. Selbst bei Abnehmprogrammen, die medizinisch begleitet werden, wog kaum einer der Teilnehmer fünf Jahre später deutlich weniger.

Besonders bedenklich sind Crash-Diäten, die mit einem rasanten Gewichtsverlust locken. Der wird nämlich in der Regel mit einer Mangelernährung erreicht, entweder in Form einer drastisch reduzierten Energiezufuhr oder einer einseitigen Kost – im schlimmsten Fall aus beidem zusammen. Sowohl extrem kalorienreduzierte Diäten, als auch Ananas-, Kohldiäten und Co. sind der Super-Gau für deinen Organismus. Jede Methode geht langfristig zu Lasten deiner Muskelmasse, auf die greift dein Körper nämlich zurück, wenn ihm die Miniration an Kalorien nicht ausreicht. Und der Mangel an Makro- und Mikronährstoffen ist eine wahre Folter für Körper und Seele. Menschen, die sich wochenlang mit reinen Obstdiäten quälen oder dauerhaft komplett auf Kohlenhydrate verzichten, riskieren eine erhöhte Infektanfälligkeit und sogar Depressionen und Angstzustände. Und Sportler, die sich extrem kohlenhydratarm ernähren, können nur etwa 50 Prozent ihrer maximalen Leistungskapazität erbringen.

Dagegen wirkt der Frust, eine Diät abzubrechen, fast lächerlich. Dazu noch enden die meisten Abmagerungskuren in der gefürchteten Jo-Jo-Falle: Sie droht nach jeder Phase, in der deutlich weniger als üblich gegessen wurde. Dann nämlich greift dein Körper auf seine Energiereserven zurück. Nach der Leerung seiner Kohlenhydrat- und Eiweißspeicher macht er sich zwar über seine Fettreserven her, aber eben auch über das Muskeleiweiß. Das hat zur Folge, dass deine Muskelmasse und mit ihr der Grundumsatz deines Körpers sinkt – also die Menge an Kalorien, die du pro Tag zu dir nehmen kannst, ohne zuzunehmen. Dein Körper läuft buchstäblich mit angezogener Handbremse und hält verzweifelt an jeder Kalorie fest, die er bekommt. Außerdem gerät die Produktion des Hormons Leptin ins Stocken, das das Hungergefühl dämpft. Jetzt verfolgt dein Organismus nur noch ein Ziel: die Fettdepots möglichst schnell wieder aufzufüllen.

übrigens besonders wichtig, wenn du Sport treibst, und sollte auf keinen Fall erst am Tag vor oder während des Trainings geschehen. Der Grund: Dein Körper ist während des Trainings auf Höchstleistung programmiert und schüttet verstärkt Hormone wie Adrenalin und Noradrenalin aus. Alle üblichen Aufgaben wie Stoffwechsel, Verdauung und Durchblutung werden dafür heruntergefahren. Deswegen kann dein Organismus notwendige Nährstoffe in diesen Phasen nur bedingt abrufen. Können deine Speicher dann nicht genügend Nachschub liefern, gerät unter Umständen die Übertragung von Nervenimpulsen, die Muskelkontraktion und die Enzym-Aktivität ins Hintertreffen.

Und zu guter Letzt zum Stichwort Ausgewogenheit: Eine ausgewogene Ernährung heißt, dass die Zusammensetzung deiner Mahlzeit stimmen sollte, sprich das Verhältnis der Hauptgruppen Eiweiß, Fette und Kohlenhydrate. Mehr zu den Nährstoffen erfährst du ab Seite 222. Unproportionale Mengen, etwa eine reine Eiweißernährung, belasten den Organismus oder begünstigen im Fall von zu vielen Kohlenhydraten langfristig Übergewicht.

Nur so konnten wir seit Urzeiten, in denen es immer wieder entbehrungsreiche Nahrungsmittelkrisen gab, überleben. Wer sich nach einer Diät wieder wie vorher ernährt, wird die Pfunde deshalb in Rekordzeit wieder auf Rippen und Hüften haben und noch ein paar weitere obendrauf. Mit dieser Reserve will sich dein Körper vor der nächsten drohenden Hungersnot schützen. Sport kann diesen Teufelskreis übrigens aufbrechen, da er auf der einen Seite den Abbau von Muskeleiweiß verhindert und andererseits für die Ausschüttung von Glückshormonen sorgt.

DIE OPTIMALE MENGE ENTSCHEIDET

Sinnvoller ist es, dich erst einmal intensiv mit deiner Ernährung auseinanderzusetzen und deine Wünsche zu definieren. Im ersten Schritt solltest du dazu deinen individuellen Energiebedarf pro Tag ermitteln. Er setzt sich vorwiegend aus dem Grundumsatz und dem Leistungsumsatz zusammen. Mit dieser Zahl hast du dann eine Grundlage, um deine Mahlzeiten zusammenzustellen, wenn du dein Gewicht halten möchtest. Oder sie entsprechend anzupassen, wenn du abnehmen oder Muskeln aufbauen möchtest.

Der Grundumsatz ist definiert als die Kalorienmenge, die eine liegende Person zwölf Stunden nach der letzten Mahlzeit bei einer Umgebungstemperatur von 20 Grad verbraucht. Diese Energie braucht dein Körper also, um alle lebenswichtigen Funktionen aufrecht zu erhalten. Zusätzlich fließt der Leistungsumsatz (PAL-Wert) in die Berechnung mit ein. Er spiegelt wider, wie aktiv du am Tag bist. Je höher die körperliche Belastung, desto höher ist sein Wert und damit auch dein Kalorienbedarf pro Tag.

So errechnest du als Mann deinen Grundumsatz:
66,47 + (13,7 x Körpergewicht in kg) + (5 x Körpergröße in cm) – (6,8 x Alter in Jahren)

So errechnest du als Frau deinen Grundumsatz:
655,1 + (9,6 x Körpergewicht in kg) + (1,8 x Körpergröße in cm) – (4,7 x Alter in Jahren)

Nun multipliziere deinen Grundumsatz mit dem Wert für den Leistungsumsatz und du erhältst deinen persönlichen Kalorienverbrauch pro Tag (wenn dir das Rechnen zu kompliziert ist, gibt es gute Bedarfsrechner im Internet).

Die PAL-Werte für verschiedene Tätigkeiten sind immer gleich. Ein paar zeigt dir die folgende Tabelle:

KÖRPERLICHE BELASTUNG	PAL-WERT
Schlafen	0,95
Nur Sitzen oder Liegen	1,2
Ausschließlich sitzende Tätigkeit mit wenig oder keiner körperlichen Aktivität in der Freizeit, z.B. Büroarbeit	1,4 bis 1,5
Sitzende Tätigkeit mit zeitweilig gehender oder stehender Tätigkeit, z.B. Studierende, Fließbandarbeiter, Laboranten, Kraftfahrer	1,6 bis 1,7
Überwiegend gehende oder stehende Tätigkeit, z.B. Verkäufer, Kellner, Handwerker, Mechaniker, Hausfrauen	1,8 bis 1,9
Körperlich anstrengende berufliche Arbeit	2,0 bis 2,4

Um abzunehmen, gilt grundsätzlich, dass mehr Kalorien verbraucht als aufgenommen werden sollten, im Idealfall begleitet durch Sport. Um Muskelmasse aufzubauen, ist dagegen eine erhöhte Kalorienanzahl notwendig, die vor allem durch eine Erhöhung der Eiweißzufuhr erreicht werden sollte, etwa durch Milch, Milchprodukte, Eier, Fisch, Fleisch oder Soja. Proteine sind entscheidend für den Muskel- und damit auch für den Kraftaufbau. Ohne Proteine wächst nichts, egal wie viel und hart du trainierst. Da die aufgezählten Lebensmittel häufig auch fettreich sind, können sie die Kalorienbilanz unerwünscht schnell in die Höhe schießen lassen. Ideal sind deshalb fettarme Alternativen wie körniger Frischkäse, Magerquark und Joghurt oder magere Fleischsorten von Geflügel, Kalb und Rind.

Auch die Menge der Kohlenhydrate sollte bei sportlichen Menschen höher als bei Otto-Normal-Verbrauchern sein, weil sie schnelle Energie zur Verfügung stellen. Wird diese Energie aber nicht verbraucht, lagert sie sich als Fettpolster ab. Daher raten Ernährungsmediziner Menschen die abnehmen möchten, vor allem die Zufuhr von Kohlenhydraten zu reduzieren. In diesem Fall heißt es: Wenn Kohlenhydrate, dann bitte in unverdaulicher Form als Ballaststoffe, etwa aus Vollkornprodukten, Gemüse und Hülsenfrüchten. Sie sättigen lange, sind bei ausreichender Flüssigkeitszufuhr gut für die Verdauung und senken den Cholesterinspiegel.

ERNÄHRUNG IST TYPSACHE

Die Ernährung für alle gibt es nicht. Je nach Körpertyp und Stoffwechsel reagieren wir ganz unterschiedlich auf genau die gleichen Lebensmittel. Du kennst das sicher auch aus deinem Bekanntenkreis: Der eine kann bergeweise Nudeln essen, ohne das kleinste Bäuchlein anzusetzen, der andere hat am nächsten Tag ein Kilo mehr auf der Waage. Eine dem Körpertypen angepasste Ernährung hat gleich mehrere Vorteile: Der Fettanteil sinkt und Muskelmasse, Energie und Wohlbefinden steigen.

Es wird grob in drei Körpertypen unterschieden, aber natürlich gibt es auch Mischtypen.

Der Ektomorph hat eine schmale, schlaksige Figur. Er hat wenig Muskeln und kann essen, so viel und so oft er will, ohne dass sich das auf der Waage niederschlagen würde, denn dafür ist sein Stoffwechsel einfach zu rasant. Models und Basketballer haben einen ektomorphen Körperbau. Möchte so jemand fitter und sportlicher werden, liegt das Augenmerk auf dem Muskelaufbau. Seine Ernährung sollte eiweißreich sein und er sollte möglichst häufig essen. Zwischenmahlzeiten sind nicht nur erlaubt, sondern ausdrücklich erwünscht. Vor dem Zubettgehen empfiehlt sich eine XXL-Portion an Proteinen, beispielsweise Quark oder Joghurt. Das Training sollte nicht zu lang und kräftezerrend sein, damit der Ektomorph seine Energie sparsam verbraucht.

Der Mesomorph hat die günstigsten Voraussetzungen für einen fitten und starken Körper. Er oder sie ist mit einem geringen Körperfettanteil gesegnet. Bei der Ernährung kann dieser Körpertyp kaum Fehler machen, außer, er schlägt bei kurzkettigen Kohlenhydraten (Süßigkeiten, Weißbrot, Nudeln und Reis, siehe Kapitel zu Kohlenhydraten auf Seite 228) deutlich über die Stränge. Für ihn empfiehlt sich eine normale, ausgewogene Kost mit leicht erhöhtem Eiweißanteil. Auch beim Training hat er Glück: Der Mesomorph baut sehr rasch Muskeln auf und sollte daher auf ein Training sämtlicher Muskelgruppen achten, sonst sieht er schnell aus wie Popeye.

Last but not least: **der Endomorph**. Er ist von kräftiger Statur und neigt zum Bäuchlein oder sogar zu Übergewicht. Bei Männern fällt hier oft der Begriff Kastenform, bei Frauen hat dieser birnenförmige Körpertyp die klassischen weiblichen Kurven.

Abgesehen von der passenden Ernährung, spielen natürlich auch persönliche Vorlieben und Unverträglichkeiten eine Rolle. Wenn du zum Beispiel keine Milchprodukte magst oder von ihnen Magengrummeln bekommst, musst du sie natürlich konsequent aus deinem Essensplan streichen.

UNSER FAZIT

Bewusste Ernährung ist wichtig. Verbiete dir jedoch nichts, auch nicht das Stück Schokolade, die Flasche Bier oder den Burger. Essen soll grundsätzlich Spaß machen und zu dir und deinem Leben passen. Nur so kannst du langfristig dranbleiben, deinen eigenen Weg gehen und das Ideale für deine Gesundheit heraus holen. Sonst bleibt nicht nur der Genuss, sondern auch der Spaß auf der Strecke.

Höre öfter mal in dich hinein, wie es dir nach dem Essen geht, was dir gut bekommt und was weniger. Beobachte, wie sich dein Schlaf und deine Leistungsfähigkeit im Training verändern, wenn du dich bewusst ernährst. Der Effekt: Diese innere Inventur wird sich auch auf deine anderen Lebensbereiche auswirken, weil du die positiven Ergebnisse überall und immer spüren möchtest. Letztlich ist alles ein Kreislauf: Wenn es dir gut geht, wirst auch du gute Energie weitergeben. Schenkst du dir selbst mehr Aufmerksamkeit, wirst du auch achtsamer mit anderen umgehen. Oder wie es der US-Milliardär Warren Buffett einmal sagte:

„THE BEST INVESTMENT YOU CAN MAKE IS IN YOURSELF."

DER UMGANG MIT DIESEM BUCH

———

02

DAS STECKT HINTER DEN REZEPTEN UND DEN REZEPTKATEGORIEN

Wenn du schon einen Blick in die Rezepte gewagt hast, dann werden dir die ungewöhnlichen Rezeptkategorien aufgefallen sein. Von wegen Frühstück, Mittagessen, Abendbrot, Nachtisch, Backen. Aber jetzt nicht erschrecken und direkt das Buch zuschlagen! Unsere Gerichte kannst du natürlich trotzdem morgens, mittags und abends essen. Der Trick ist nur, dass Namensgebung und Kategorisierung es dir leichter machen, die Gerichte in deinen Tagesablauf integrieren zu können, weil du selbst entscheidest.

Achtung Geheimnis: Pfannkuchen kannst du auch morgens essen. Wichtig ist, dass das Gericht in deinen Tagesplan passt. Wir wollen dir also eine praktische und lebensnahe Möglichkeit der Ernährungsplanung schaffen, ohne großes Konzept, aber mit einer Idee.

Was wir mit Tagesplan meinen, ist die Verbindung deines Alltags mit deinem Bedarf an Nahrung. Das klingt jetzt etwas technisch, aber schließlich hat Essen ja auch eine funktionelle Aufgabe. Du wirst später, wenn du dir die Porträts von Uwe, Flavio und Rafael durchliest feststellen, dass auch die Jungs großen Wert auf die Zusammensetzung ihrer Mahlzeiten legen und trotzdem große Genießer sind – und dass sie vor allem keinem festen Ernährungsplan oder einer Ernährungsweise folgen.

Es geht vielmehr um eine bewusste und gesunde Ernährungsweise, die sich an den Bedürfnissen deines Körpers orientiert und dir nichts vorschreibt. Eine Ernährung, die ein paar Rahmenbedingungen berücksichtigt, ist dadurch aber nicht technisch, sondern intelligent. Wir wollen dich mit unseren Rezepten und Rezeptkategorien dabei unterstützen, dich gesund, lecker und vor allem passend zu deinem Alltag zu ernähren.

Bevor es losgeht, möchten wir aber noch ein paar Worte zu den Rezepten selbst verlieren. Jedes Rezept in jeder Kategorie muss mehreren Kriterien genügen. So sollte in den meisten Fällen, die Zubereitungszeit spätestens nach dem dritten Mal kochen nicht länger als 30 Minuten dauern. Die Zutatenliste besteht aus Lebensmitteln, die es in jedem Supermarkt zu kaufen gibt und ist kürzer als dein letzter Einkaufszettel. Aber am wichtigsten: Jedes Rezept ist lecker und gesund. Und weil dies ein Fitness-Kochbuch ist, kannst du davon ausgehen, dass du als sportlicher und aktiver Leser immer ein Rezept findest, auf das du Lust hast und das zu deiner Ernährung passt. Und sollte es mal nicht passen, machen wir dir zu den meisten Gerichten Variationsvorschläge. Ja, ausprobieren und variieren ist bei uns ausdrücklich erwünscht. Versuch auch mal, selbst mit den Zutaten zu spielen, dir wird schon was Leckeres einfallen.

Aber lass uns jetzt die Rezeptkategorien anschauen. Wie du dir deinen eigenen Ernährungsplan zusammenstellen kannst, erfährst du dann auf den nächsten Seiten.

HAUPTGERICHTE

Die Königsdisziplin. Rezepte in dieser Kategorie besitzen eine breite Palette an Makro- und Mikro-Nährstoffen und eine Menge Energie. Die Rezepte in dieser Kategorie haben zwei Ziele: deinen Körper nachhaltig mit Energie versorgen und – ganz klar – lecker sein. Hauptgerichte haben in Body Kitchen in der Regel 700 kcal pro Portion. Die Rezepte haben verschiedene Ursprünge: Manche Gerichte sind Eigenkreationen der YouTuber, andere bekannte Standardgerichte wurden für die Fitnessküche modifiziert. Aber egal, aus welcher Landesküche oder welchem Kopf das Gericht stammt, es ist relativ einfach zu kochen und der Küchenerfolg lässt sich aus der Erinnerung auch ohne Rezeptbuch wiederholen.

ZWISCHENMAHLZEITEN

Die Zwischenmahlzeiten haben wir als Kategorie zwischen Snack und Hauptgericht eingeführt. Die „Minuten"-Rezepte sind, wie der Name vermuten lässt, superschnell zu kochen und bringen dich durch kleine Hungerstrecken an langen Arbeitstagen. Zwischenmahlzeiten haben bei uns maximal 500 kcal pro Portion und bewegen sich zwischen kleinen Kohlenhydratbomben und Proteinboostern. Auch sie zeichnen sich durch ihre einfache Zubereitungsweise mit nur einer Handvoll Zutaten aus – und unter uns: Viele von ihnen eignen sich zwei Stunden vor dem Training oder zwischen Training und großer Mahlzeit, um den Heißhunger auf gesunde Weise zu stillen.

PRE-WORKOUT UND POST-WORKOUT

Die Begriffe Pre- und Post-Workout sagen eigentlich schon alles. Gerichte in der Kategorie Pre-Workout empfehlen wir für eine Stunde bis unmittelbar vor dem Training. Sie sollen dir Extra-Power für ein intensives Workout bringen, damit deine Leistung nicht während deiner Trainingssession plötzlich wegbricht. Post-Workout ist das entsprechende Gegenstück. Gerichte aus dieser Kategorie eignen sich hervorragend für den direkten Verzehr nach dem Training. Sie versorgen deinen Körper und deine Muskeln mit den richtigen Nährstoffen und Mineralien, um deinen Muskelaufbau zu unterstützen.

SNACKS

Snacks. Jetzt wird's interessant, oder? Unsere Snacks sollen dir dabei helfen, bei der Arbeit, bei gemütlichen Serien-Abenden, beim Zocken, der lockeren Schnack-Runde oder einfach mal so zwischendurch nicht schmachtend an Chips und Süßes zu denken. Erstens: Nimm dir ruhig eine Handvoll Chips, denn Schmachten ist keine Lösung. Und zweitens: Bereite dich besser auf solche Momente vor. Wenn du mal keine Zeit dafür hast, dann hab' Salzstangen und dein Lieblingsobst parat. Snacks haben bei uns 100 bis 200 kcal pro Handvoll oder Portion, und sie lassen sich hervorragend über ein paar Tage aufbewahren.

REZEPTAUFBAU

KATEGORIE

Hier siehst du, in welche Kategorie das Rezept fällt. Jeder YouTuber hat seine Vorlieben, deswegen wirst du beispielsweise bei Flying Uwe viele Snacks, bei Flavio mehr Hauptgerichte und bei Rafael überwiegend Zwischenmahlzeiten finden. Eine Auflistung aller Rezepte nach Kategorie findest du im Rezeptindex, am Ende des Buches.

ZUTATEN

Alle Zutaten aus den Rezepten solltest du im Supermarkt bekommen. Du wirst bei unseren Gerichten keine ewig langen Einkaufszettel schreiben müssen, darauf haben wir besonders geachtet.

FLYING UWE | HAUPTGERICHT

3 WOKGEMÜSE, CASHEWS UND LIMETTENSAFT

Ein typisches Gericht für den großen Hunger nach dem Training: Gemüse, Reis und Hähnchen. Wir haben das Standardrezept aufgemöbelt – natürlich ohne viel Aufwand. Ingwer, Bohnen, Limettensaft und Cashewkerne machen echt den Unterschied. Und das Hähnchen passt immer noch hervorragend dazu.

ZUTATEN
FÜR 2 PORTIONEN

70 g Cashewkerne
2 Kochbeutel bzw. 250 g Naturreis
Salz
200 g grüne Bohnen
200 g Zuckerschoten
1 Knoblauchzehe
2 cm frischer Ingwer
2 Paprikaschoten
2 Frühlingszwiebeln
1 EL Rapsöl
2 EL Sojasauce
1 EL Agavendicksaft
Saft von 1 Limette
Pfeffer
1 Handvoll Sesamsaat (optional)

1. Eine Pfanne für das Anrösten der Cashewkerne ohne Fett erhitzen und die Cashewkerne darin goldbraun rösten.

2. Den Reis nach Packungsbeilage in Salzwasser kochen.

3. Bohnen und Zuckerschoten waschen und in mundgerechte Stücke schneiden. Beides für 3 Minuten in kochendes Salzwasser geben, abgießen und kalt abschrecken. Gut abtropfen lassen.

4. Knoblauch und Ingwer schälen und fein hacken. Die Paprika waschen, putzen und in schmale Streifen schneiden. Die Frühlingszwiebeln waschen und schräg in breite Ringe schneiden.

5. Das Öl in einem Wok erhitzen und den Knoblauch mit dem Ingwer kurz anschwitzen.

6. Das Gemüse zugeben und unter gelegentlichem Schwenken anbraten. Die Cashewkerne untermischen und mit Sojasauce, Honig, Limettensaft und Pfeffer abschmecken.

7. In Schälchen anrichten und mit Sesam bestreut servieren.

VARIATION MUSKELAUFBAU

Für mehr Eiweiß, einfach ca. 400 g Hähnchenfilet hinzufügen. Das Fleisch kannst du vorher noch einlegen. Dafür legst du es in eine Plastiktüte oder Schüssel und gibst soviel Sojasauce dazu, dass alles Fleisch etwas abbekommt. Lass es mindestens eine halbe Stunde ziehen, bevor du es in der Pfanne anbrätst.

TIPP

Ingwer schälst du am besten mit einem Esslöffel. Kratze die Haut vorsichtig ab, indem du den Löffel wie einen Sparschäler benutzt.

Nährwerte je Portion
KCAL	FETT	KH	Z	PROT	BS
903	25 g	138 g	22 g	25 g	18 g

ZUBEREITUNG

Der wichtigste Teil, denn hier zeigen wir dir, wie du unsere Gerichte kochst. Wir haben uns Mühe gegeben, alle Zubereitungsschritte so einfach wie möglich zu halten. Sag gerne Bescheid, wenn dir Ideen für neue Kreationen kommen oder du Anmerkungen hast, unsere Kontaktdaten stehen im Impressum.

REZEPTNAVIGATION

Du siehst hier das Kapitel, die Kategorie, die fortlaufende Nummer und den Rezepttitel. Solltest du mal ein bestimmtes Rezept suchen, findest du es im Rezeptindex am Ende.

BESCHREIBUNGSTEXT

Hier werden besondere Aspekte des jeweiligen Gerichts hervorgehoben. Die Texte sind immer für eine Überraschung gut, also schau sie dir genau an.

VARIATIONEN- UND TIPP-BOX

In den Variationen- und Tipp-Boxen zeigen wir dir, wie du mit wenigen Handgriffen aus dem Basisrezept weitere Gerichte zaubern kannst. Entweder speziell für den Muskelaufbau, fürs Abnehmen, für Vegetarier und Veganer oder einfach nur für einen anderen Geschmack.

NÄHRWERTANGABEN

In dieser Zeile sind die Nährwertangaben zum Basisrezept vermerkt.

DEIN ERNÄHRUNGSPLANER

Wenn du eine ausgewogene Ernährung anstrebst oder dir große Transformationsziele gesteckt hast, solltest du dir Gedanken über die Gestaltung deiner Mahlzeiten machen. Dabei hilft es schon, jeden Morgen zu überlegen, was dich den Tag über erwartet und was du am besten in den freien Zeiten zwischen Job, Seminaren, Schule, Training oder Verabredungen isst. Nur so behältst du die Kontrolle über deine Ernährung und machst dich nicht abhängig von Imbiss-stuben, die zufällig auf deinem Weg liegen.

WIR EMPFEHLEN DIR, WIE FOLGT VORZUGEHEN:

1. Berechne deinen aktuellen täglichen Kalorien- und Nährstoffbedarf. Zur Berechnung bieten sich Onlinerechner an, die du unter dem Begriff „Tagesbedarfsrechner" googeln kannst.

2. Jetzt hast du zwei Möglichkeiten, den Ernährungsplaner zu nutzen: Entweder du überlegst dir vorher, was du am Tag oder in der Woche essen möchtest und trägst es in den Ernährungsplaner ein, oder du führst im Ernährungsplaner Protokoll und entscheidest, was noch reinpasst und was nicht. Letztere Variante kommt für dich eher in Frage, wenn du etwas Übung mit dem Schätzen von Makronährstoffen hast oder deine Mahlzeiten mit einer App aufzeichnest.
Hinweis: Lass dich bei deiner Ernährungplanung gerne von Uwes, Flavios und Rafas ausgefüllten Tagesabläufen inspirieren.

Wir haben für dich eine einfache Vorlage entworfen, mit deren Hilfe du deine tägliche Ernährung planen kannst. Schau sie dir einfach mal auf der rechten Seite an, du kannst sie dir auf unserer Website unter www.body-kitchen.de/downloads kostenlos herunterladen.

UND WAS, WENN ICH MUSKELN AUFBAUEN ODER ABNEHMEN MÖCHTE?

Muskelaufbau und Abnehmen sind sehr komplexe und individuelle Angelegenheiten, für die es keine allgemeingültigen Regeln gibt – höchstens ungefähre Rahmendaten. Such dir am besten einen Ernährungsberater oder Fitnesstrainer. Beratungsstunden und Fitnesstests, die deinen individuellen Bedarf so genau wie möglich definieren, sind meistens günstiger als gedacht. Informiere dich also und lass dich beraten!

TROTZDEM HABEN WIR HIER EIN PAAR DAUMENREGELN:

Wenn du Muskelmasse aufbauen möchtest, erhöhe deine gesamte Kalorienaufnahme um bis zu 20 Prozent und deinen Proteinbedarf (auch diesen erfährst du mithilfe eines Tagesbedarfsrechners) um das bis zu 1,7-fache deines Körpergewichts in Gramm. Beispiel: Bei 70 Kilo Körpergewicht sind das maximal 119 Gramm Eiweiß pro Tag. Wenn du abnehmen willst, reduziere deine gesamte Kalorienaufnahme um etwa 20 Prozent. Das Wichtigste für das Erreichen aller Ernährungsziele sind aber Zeit, Disziplin und eine ausreichende Nährstoffaufnahme.

BEDARFSÜBERSICHT

Hier trägst du deinen täglichen Bedarf an Kalorien und Nährstoffen ein. Das gibt dir einen guten Überblick und hilft dir bei der Auswahl der Mahlzeiten.

NOTIZEN

Hier ist Platz für deine Notizen, zum Beispiel für einen kleinen Einkaufszettel, falls dir noch etwas für deine geplanten Mahlzeiten fehlt.

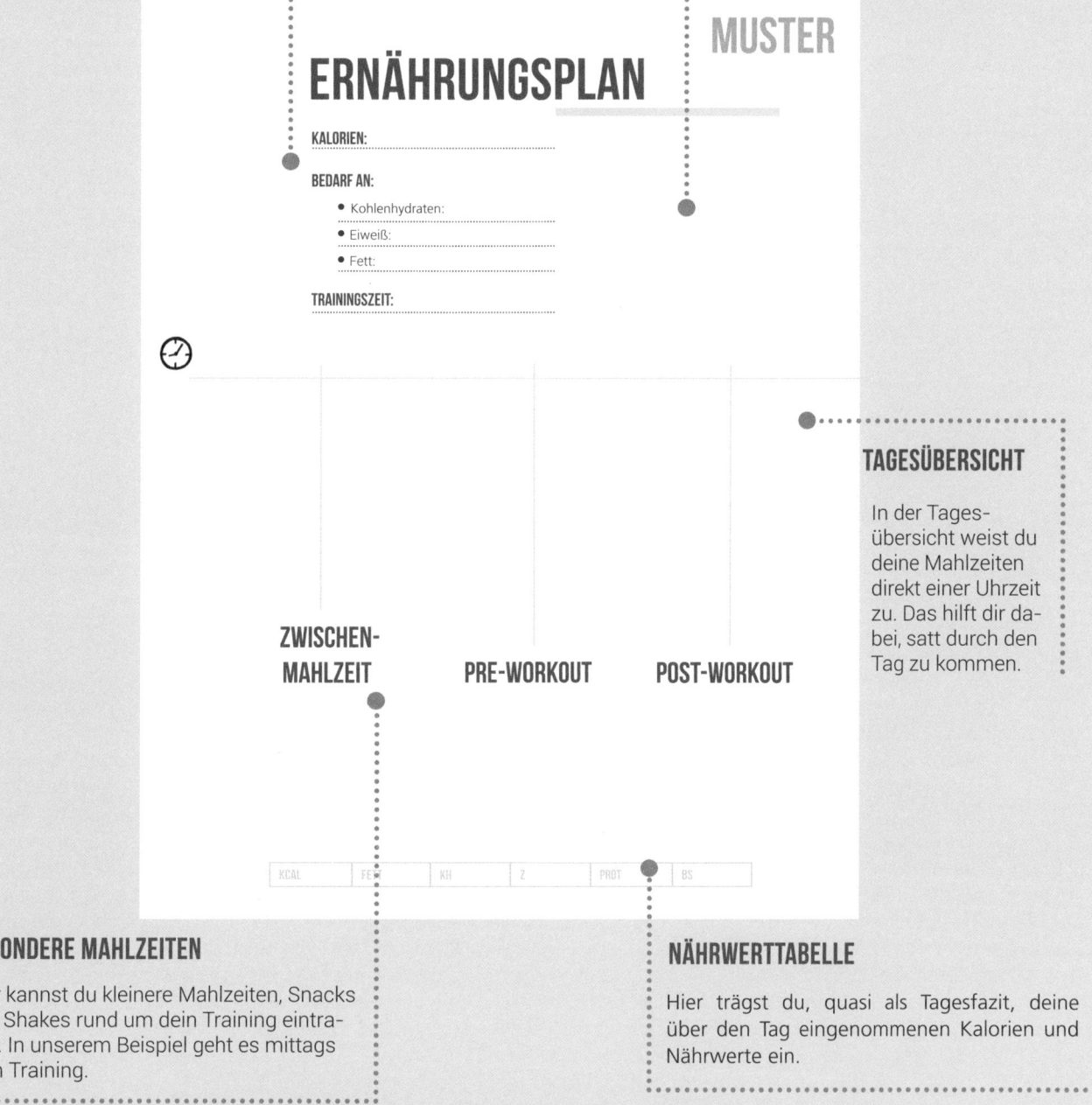

TAGESÜBERSICHT

In der Tagesübersicht weist du deine Mahlzeiten direkt einer Uhrzeit zu. Das hilft dir dabei, satt durch den Tag zu kommen.

BESONDERE MAHLZEITEN

Hier kannst du kleinere Mahlzeiten, Snacks und Shakes rund um dein Training eintragen. In unserem Beispiel geht es mittags zum Training.

NÄHRWERTTABELLE

Hier trägst du, quasi als Tagesfazit, deine über den Tag eingenommenen Kalorien und Nährwerte ein.

Den Ernährungsplaner kannst du dir unter: www.body-kitchen.de/downloads herunterladen.

SO ÄNDERE ICH MEINE ERNÄHRUNGSGEWOHNHEITEN

Wer fit werden will oder ein paar Kilos verlieren möchte, kann durch Sport schnelle Erfolge erzielen. Noch entscheidender ist aber, was wir täglich essen und trinken. Studien zeigen, dass es in Sachen Gewicht viel mehr auf die Ernährung als auf die Bewegung ankommt: Der Einfluss unserer Ernährung wird von Experten auf 75 Prozent geschätzt, während Bewegung nur etwa 25 Prozent ausmacht.

MIT DIESEN SIEBEN REGELN WIRST DU LANGFRISTIG ZUM BESSER-ESSER:

1 LESEN MACHT SCHLAU – UND SCHLANK

Lebensmittel sind unser Treibstoff. Sie bestimmen, wie gut unser Stoffwechsel funktioniert und wie wir uns insgesamt fühlen. Nur mit einem qualitativ hochwertigen Input können wir optimale körperliche, aber auch geistige Leistung bringen. Um das zu erreichen, hilft uns an allererster Stelle Wissen weiter. Denn nur, wenn wir die Bestandteile eines Nahrungsmittels kennen, können wir uns damit auch (kritisch) auseinandersetzen. Mit diesem Background greift dann auch der Verstand und der Verzicht fällt plötzlich deutlich leichter. Wenn wir wissen, dass in einem kleinen 100-Gramm-Becher Fruchtjoghurt das Äquivalent von sechs Stück Würfelzucker steckt, also fast einen kompletten Tagesbedarf an Kohlenhydraten, dann vergeht uns schnell der Appetit. Wie auch bei der Erkenntnis, dass wir nach drei bis vier Scheiben geräuchertem Schinken den Rest des Tages eigentlich komplett auf Salz verzichten müssten, weil wir damit unsere empfohlene tägliche Aufnahme schon erreicht haben.

Klar, es gibt mehr als genug Informationen zur Ernährung. Über Bücher, Magazine, das Internet und persönliche Beratungsgespräche können wir uns jederzeit weiterbilden. In der Praxis fühlen wir uns aber schnell von diesem Überangebot erschlagen. Welche Quelle dich persönlich anspricht und überzeugt, kannst du nur durch Ausprobieren herausfinden. Seriös und unabhängig ist zum Beispiel der Internetauftritt des Max Rubner-Instituts (MRI), das im Geschäftsbereich des Bundesministeriums für Ernährung und Landwirtschaft angesiedelt ist. **Für Interessierte und Sportler kann auch eine professionelle Ernährungsberatung das Richtige sein. Sie wird oft in Fitnessstudios angeboten und ist meistens günstiger als gedacht.** Wichtig ist: Lass' dir die Qualifikation des Experten zeigen. Im besten Fall ist es ein Ernährungswissenschaftler, aber auch zertifizierte Ernährungsberater machen einen guten Job.

2 SCHMECKT NICHT GIBT'S NICHT!

„Kochen dauert mir zu lange" oder „Gemüse schmeckt langweilig" – das sind häufig gängige Einwände gegen eine Ernährungsumstellung. Die sollten wir nicht gelten lassen! Entscheidend ist es hier, die Notwendigkeit zu erkennen, denn natürlich kann es kein Gericht der Welt zeitlich mit dem Öffnen einer Dose Ravioli aufnehmen. Schaufel dir deshalb bewusst Zeit für die Zubereitung frei – und koche am besten vor. So musst du nicht täglich am Herd stehen und schnippeln. **Bunkere als Notreserve immer Tiefkühlgemüse in deinem Gefrierfach,** dann kannst du auch eine vitaminreiche Mahlzeit zubereiten, wenn du es mal nicht in den Supermarkt geschafft hast, um frisches Gemüse zu kaufen. Und suche dir rechtzeitig eine Handvoll leckerer und gesunder Rezepte aus dem Internet oder, noch besser, aus diesem Kochbuch aus.

Heißer Tipp: Experimentiere kräftig mit Kräutern und Gewürzen, damit deine Gerichte ordentlich Pepp haben. Ehemaligen Fans von Fastfood und Convenience-Nahrung fehlt sonst der Geschmack, denn ihre Geschmacksknospen müssen nach den vielen Zusatzstoffen und großen Mengen an Salz in Burgern und Pizza erstmal wieder auf Normalzustand gebracht werden. Solche Inhaltsstoffe haben aber nicht nur einen negativen Einfluss auf die Figur, sondern schädigen in den Mengen, die die meisten von uns täglich zu sich nehmen, sogar die Gesundheit. Salz erhöht beispielsweise nach neuesten Erkenntnissen von Forschern der Universität Erlangen-Nürnberg das Multiple-Sklerose-Risiko. Sie vermuten, dass kräftiges Salzen Entzündungen im Körper fördert, den Ausbruch der Krankheit begünstigt und Krankheitsschübe verstärkt. Das weltweite Krebsnetzwerk World Cancer Research Fund (WCRF) warnt in einer Stellungnahme vor dem Magenkrebsrisiko durch zu viel Salz. Wir wollen Salz nicht verteufeln, aber dich dazu anregen, dir Gedanken über deinen Bedarf an Nährstoffen zu machen. ■

3 LASS' DICH NICHT VON DEINEM KOPF REINLEGEN

Hunger ist der Feind jeder Diät. Weil unser Kopf nicht einschätzen kann, ob es nur noch eine Stunde bis zum Mittagessen dauert oder wir in einer echten Notlage stecken, schlägt er sofort Alarm und versucht, uns mit allen Mitteln zur sofortigen Aufnahme von Essbarem zu bewegen, etwa durch Zittrigkeit, Kopfschmerzen und natürlich Heißhunger. Die Qualität der Lebensmittel interessiert in diesem Moment kein bisschen. Schlimmer noch: Am besten sollte es fettig und zuckrig sein, um dem Organismus möglichst schnell möglichst viel Energie zu liefern. Der exzessive Fress-Flash in Form eines Burger-Menüs aus dem Schnellrestaurant schlägt dann ruckzuck mit 2.000 Kalorien zu Buche und zerstört das Ergebnis von mehreren Tagen eiserner Disziplin. **Mit vorgekochten Mahlzeiten lässt sich das verhindern,** wie auch mit dem richtigen Snack in der Tasche oder der Schreibtischschublade. Ideal sind zum Beispiel eine Handvoll Nüsse oder Mandeln. Sie machen durch ihren hohen Proteingehalt satt und enthalten wertvolle B-Vitamine, die die Nerven stärken. Auch eine Banane oder ein Magerquark mit Beeren können über den größten Hunger hinweghelfen. ■

4 TAPPE NICHT IN EINE ERNÄHRUNGSFALLE

Wenn du trotz ausgewogener Mahlzeiten regelmäßig von Fressgelüsten heimgesucht wirst, solltest du diesen auf den Grund gehen. Meistens gibt es ganz andere Ursachen für das Verlangen nach Ungesundem als purer Hunger. Gehen wir diesen auf den Grund und stellen sie ab, verschwindet auch die Gefahr, in Essfallen zu tappen. Große Lust auf Salziges kann zum Beispiel auf einen Natriummangel hinweisen. Pro Liter Schweiß etwa scheiden wir 1.200 Milligramm davon aus. Um Muskelkrämpfe und ein Absacken des Blutdrucks zu vermeiden, versucht der Körper, diesen Mangel auszugleichen und seine Nährstoffdepots aufzufüllen. Deswegen zieht uns plötzlich die Tüte Chips magisch an. Die Lösung: **Ein glutamatfreier Würfel Hühnerbrühe. Mit kochendem Wasser aufgießen, etwas abkühlen lassen und vorsichtig schlürfen.** Sobald der Elektrolyt-Haushalt wieder im Lot ist, ist der Heißhunger wie weggezaubert. Ähnlich sieht es beim süßen Zahn aus, der Lust auf Schokolade oder Gummibärchen. Damit wird signalisiert, dass deine Kohlenhydratspeicher leer sind, was zum Beispiel nach einem harten Training der Fall ist. Eine Banane oder ein zuckerarmer Energieriegel (gerne auch selbstgemacht, siehe Seite 80) lösen in Rekordzeit das Problem. Und wenn es zwingend die Schokolade sein muss, dann die mit mindestens 80 Prozent Kakaoanteil. In einer Tafel steckt „nur" noch eine Zuckermenge, die sechs Stück Würfelzucker entspricht. Bei 50 Prozent Kakaoanteil sind es noch unglaubliche 17 Stück! Bitterschokolade hat zudem den Vorteil, das Risiko für Herz-Kreislauf-Erkrankungen zu senken. Der Grund dafür sind Biostoffe, so genannte Flavanole, die einen günstigen Einfluss auf den Blutdruck und die Elastizität der Blutgefäße haben, wie Forschungen des Deutschen Instituts für Ernährungsforschung zeigen. Doch bevor du losschlemmst: Die protektive Wirkung bezieht sich auf ein kleines Stück mit etwa sieben Gramm pro Tag. Größere Mengen können dagegen zu Übergewicht führen. ■

5 HEISSHUNGER ERKENNEN UND AUSSCHALTEN

Neben dem rein körperlichen Zweck, nämlich uns satt zu machen, hat Ernährung auch eine wichtige psychische Seite: Wir essen, um zu genießen oder um uns zu belohnen oder zu trösten. Im Umkehrschluss können emotional belastende Situationen auch schlagartig unser Bedürfnis nach Nahrung wecken, sogar wenn wir gar nicht hungrig sind – wer kennt das nicht! Setze in solchen Momenten als erstes deine Stoppuhr in Gang. Wenn du 15 Minuten aushältst, ohne über den Kühlschrank herzufallen, hast du es geschafft! So lange dauert eine Heißhungerattacke ungefähr. Am besten gelingt das durch Ablenkung. Drehe eine Runde um den Block oder rufe deinen Kumpel an, um dich zum gemeinsamen Training zu verabreden. Wenn du die Kraft hast: Tritt gedanklich einen Schritt zur Seite und horche in dich hinein. Wo liegt das Problem wirklich – und kann ein Schokoriegel es tatsächlich lösen? Wohl kaum. **Was auch gut klappt: Ein großes Glas stilles Wasser trinken.** Denn weil es für Hunger und Durst im Körper nur eine Signalstelle gibt, kommt es hier auch gerne mal zu Verwechslungen. Mit ein paar großen Schlucken kannst du deinem Körper also die Nahrungsaufnahme vorgaukeln – und zwar zum Null-Kalorien-Tarif. Neben isotonischen Getränken und ungesüßten Kräuter- und Früchtetees ist Wasser grundsätzlich die beste Wahl für Sportler (mehr zum Thema Wasser auf Seite 224). Lass' dich nicht von aromatisierten Mineralwässern verführen, sie scheinen nur gesund und kalorienarm zu sein, sind in Wirklichkeit aber wahre Zuckerbomben. Das gilt genauso für Light-Produkte: Steht „zuckerreduziert" auf der Packung, bedeutet das nur, dass das Getränk 30 Prozent weniger Zucker enthalten muss als ein vergleichbares Produkt. ■

6 NOTIEREN UND KONTROLLIEREN

Einfach und effektiv: **Führe für ein paar Wochen ein Ernährungsprotokoll.** Denn häufig essen wir ganz unbewusst zu viel und zu oft, zum Beispiel die XXL-Frikadelle vom Vortag auf dem Weg ins Meeting oder den fünften Keks währenddessen. So ist deine Kalorienbilanz früh am Limit, obwohl du gefühlt nur gesnackt hast. Außerdem sorgen Süßigkeiten für eine rasante Auf und Ab des Blutzuckerspiegels, was sich in Heißhungerattacken bemerkbar macht. Notiere Tag, Uhrzeit und Menge und zeige deine Unterlagen einem fachkundigen Ernährungsexperten. Überlegt gemeinsam, wo noch etwas im Argen liegt und wie du diese Schwachpunkte ausmerzen kannst.

7 GANZ ODER GAR NICHT – ODER STÜCK FÜR STÜCK

Wie du die Umstellung durchziehst, ist vor allem Typsache: Dem einen fällt die Null-Toleranz-Methode am leichtesten, bei der ab sofort alle ungesunden Lebensmittel verbannt und durch gesunde ersetzt werden. So sinkt das Risiko, schwach zu werden. Für andere ist ein sanfter Übergang praktikabler, während dem sie sich beispielsweise nur noch einmal im Monat Fastfood gönnen, statt jede Woche oder aber langsam ihren Zuckerkonsum reduzieren. Unterstützend wirken dabei eiweißreiche Lebensmittel, wie Steak, Eier und Hülsenfrüchte. Studien zeigen, dass wir damit automatisch weniger Lust auf Zuckerzeug haben. **Für alle gilt: Ein Rückfall in alte Gewohnheiten ist keine Katastrophe.** Einer Studie des University College London zufolge dauert es im Schnitt 66 Tage, bis ein Automatismus einsetzt. Also: Mach' an jedem überstandenen Tag einen Haken im Kalender und belohne dich zwischendurch. Natürlich nicht mit einer Pizza, sondern mit einem coolen Shirt oder einem Trainings-Gimmick.

FLYING UWE

„JEDER BRAUCHT EINEN STABILEN GEDANKEN."

MOIN MEINE LIEBEN BUTZER, ICH BINS WIEDER, EUER FLYING UWE!

Wie geht's euch? Mir geht's großartig, wenn nicht sogar hervorragend – wenn ihr wisst, was ich meine. Ja, richtig, diesmal seid ihr nicht in einem meiner inzwischen knapp 600 Videos auf YouTube gelandet, sondern in meinem Kochbuch-Kapitel.

Für alle, die mich noch nicht kennen: Mein richtiger Name ist Uwe Schüder, meinen Spitznamen habe ich meinen geflogenen Kicks zu verdanken. Ein Fitness-Sportler bin ich nämlich nicht, mein Fokus liegt auf dem Kampfsport. Manchmal nennt man mich auch den „Bruce Lee von YouTube", mir ist das dann meistens schon zu viel des Guten – Vergleiche mag ich nicht.

Kurz nochmal zu den Videos: Sind das echt schon so viele? O Mann! Dass ich immer noch durch die Gegend turnen kann, um euch davon zu berichten, ist alles euch zu verdanken. Egal, ob es der Test meiner Auspuffanlage ist, eines meiner Kampfsport-Tutorials oder meiner unzähligen Kochvideos... Da müsst ihr grinsen? Okay, so viele Kochvideos habe ich jetzt noch nicht abgedreht. Umso besser, dass ich euch hier diskret die besten Rezepte rausgesucht habe. Denn was soll man machen, jeder muss essen, und bevor ich mir täglich den verpanschten Industriemüll reinziehe, zeige ich euch doch lieber, was in der Küche eines Sportlers so alles passieren kann. Ohne viel Aufwand, ohne dickes Budget und gerne auch mal kurzfristig.

Das würde ich mal so als Einleitung stehen lassen und euch jetzt von meiner Ernährungsphilosophie, also meiner Einstellung zur Ernährung erzählen. Warum und was genau ich so esse. Dann wisst ihr, was ich brauche, um jeden Tag zu trainieren, zu arbeiten und dabei noch genug Energie zu haben, mich um meine Familie und mich selbst zu kümmern. Ihr kennt es von euch selbst: Durch so einen Alltag kommt man natürlich nicht allein durch eine ordentliche Ernährung. Man braucht auch die richtige Einstellung und Disziplin. Wer jetzt direkt den Überblick haben möchte, für den habe ich in diesem Kapitel auch einen typischen Uwe-Tagesablauf aufgeschrieben und meine Mahlzeiten eingetragen.

„ICH HÖRE AUF MEINEN KÖRPER. ABER DAS MACHT EIN FAST-FOOD-JUNKIE WAHRSCHEINLICH AUCH."

DAS BEDEUTET ERNÄHRUNG FÜR MICH

Jetzt also zu meiner Ernährungsphilosophie. Im Grunde habe ich gar kein richtiges Konzept, das man so runterschreiben könnte. Aber ich habe Prinzipien, nach denen ich entscheide, was auf den Teller kommt und was in den Müll. Zum Beispiel esse ich selten industriell gefertigte Nahrungsmittel. So was wie Süßigkeiten oder Chips gönne ich mir aber schon mal, ich kann es mir aber auch leisten, weil ich so viel Sport mache. Zu häufig muss das aber nicht sein, es ist einfach so viel Schrott drin – zu viel Zucker, Fett, um den Geschmack zu verstärken, oder künstliche Geschmacksverstärker und Konservierungsstoffe. Leute, kauft die Lebensmittel in unverarbeiteter Form und kocht nach einfachen Rezepten, wenn ihr keine Lust oder Zeit für großartige Küchenaktionen habt. Das schmeckt trotzdem lecker, erfüllt seinen Zweck und ist um Längen gesünder!

Gerade die von euch, die viel Sport machen, wissen, dass man nicht mit leerem Magen trainieren kann und auch nach dem Sport erst mal wieder die Energiereserven aufgefüllt werden müssen. Wenn man wirklich was leisten will, dann kommt man irgendwann an den Punkt, wo man nicht mehr nur isst, um satt zu werden, sondern um seinen Körper nachhaltig mit Energie zu versorgen. Essen bekommt dann eine zusätzliche funktionelle Komponente. Mir geht das so, seit ich mit 14 Jahren mit dem Kampfsport angefangen hatte. Ich wollte zum Beispiel meinen Muskelaufbau unterstützen. Da hab ich mir Fragen gestellt, wie: „Wie viel Eiweiß sollte ich über pro Tag essen?"

SO RECHNE ICH MIR MEINEN EIWEISS-BEDARF AUS: Körpergewicht x 1,5 = benötigtes Eiweiß in Gramm pro Tag. So halte ich meine Muskelmasse und tendiere eher in Richtung Muskelaufbau. Denjenigen, die zwar regelmäßig Sport machen, aber keine Ambitionen in Richtung Muskelaufbau haben, reicht die 0,8-fache Menge des Körpergewichts in Gramm an Eiweiß.

Ich habe mich auch gefragt, was Makro- und Mikro-Nährstoffe sind. Die Leute, die mich kennen, wissen, dass ich mir davon aber nicht mein Leben vorschreiben lasse. Ich zähle auch keine Kalorien, aber empfehle trotzdem jedem, es mindestens einmal über einen längeren Zeitraum zu tun. Nur so bekommt ihr einen ersten Überblick über eure Ernährung. Macht das ruhig mal mindestens vier Wochen. So lange dauert es, bis ihr dann auch eure Essensroutinen kennt und ungefähr wisst, welches Gericht welche Nährwerte hat. Dass ich auf das Kalorienzählen verzichte, bedeutet nicht, dass ich meinen täglichen Kalorienbedarf nicht kenne.

UWE,

WAS HAT DIR DEINE YOUTUBE-KARRIERE ERMÖGLICHT?

Ich konnte meine Leidenschaft zum Sport und zum Filmen zu meinem Beruf machen und kann mich und meine Familie ernähren. Dafür bin ich sehr dankbar.

Ich höre also auf meinen Körper. Aber das macht ein Fast-Food-Junkie wahrscheinlich auch, wenn er sich den nächsten Burger und die Cola reinzieht. Auch, wenn ich eine intuitive Herangehensweise an meine Ernährung habe, weiß ich, was gut für mich ist. Aber das funktioniert nur, weil ich mich schon über zehn Jahre aktiv mit meiner Ernährung beschäftige. Ich höre auf meinen Körper, weiß, was gut für ihn – beziehungsweise mich – ist und esse dann nur das, was meine Freundin mir auf den Teller legt. Nee, im Ernst. Es hat schon seine Gründe, warum ihr mich selten im Restaurant seht, oder ich selten das belegte Brötchen vom Bäcker nicht esse. Dafür habe ich ja auch immer meine Müslis im Kofferraum.

DAS BEDEUTET
FITNESS FÜR MICH

Wenn ich jetzt von meiner persönlichen Herangehensweise an Kampfsport und Fitness spreche, fange ich am besten bei meinem Vater an, denn durch ihn bin ich mit asiatischer Kampfkunst in Kontakt gekommen. Mein Vater war ein großer Bruce-Lee-Fan und machte selbst Kampfsport. Das habe ich irgendwie von ihm übernommen. Deswegen steht in meinem Arbeitszimmer auch eine lebensgroße Bruce-Lee-Statue. Ich denke, der Kampfsport hat mir dabei geholfen, relativ zielgerichtet durch meine Jugend zu kommen.

Diejenigen von euch, die meine Videos schon lange schauen, kennen meine Vergangenheit und wissen, dass ich kein typischer Fitnessstudiogänger bin. Angefangen hat alles 2001 mit dem Kampfsport, genauer mit Wun Hop Kuen Do-Kung Fu. Das ist der Kung Fu-Stil, dem ich mich verschrieben habe. Er wurde von Al Dacascos entwickelt, der zur Zeit von Bruce Lee und Chuck Norris wie sie die Kampfkunst prägte. Wie schon erwähnt, war ich damals 14. Früher hat mich auch der Wettkampfgedanke angetrieben. Wenn ihr die Videos von damals und meine Vergangenheit kennt, dann wisst ihr, dass ich relativ erfolgreich unterwegs war. Meine Erfolge seit 2002: norddeutscher Kung-Fu-Meister, Gewinner der Deutschen Meisterschaft in der Kickbox-Bundesliga, Teilnehmer an den European Open und Sieger der WAKO Dutch Open 2012. Im Jahr 2013 habe ich dann im Wun Hop Kuen Do-Kung Fu den Meisterrang erreicht. Seit einiger Zeit setze ich mich auch intensiv mit den wissenschaftlichen Seiten von Ernährung und Fitnesstraining auseinander. Es ist die Mischung aus Kampfkunst und Fitnesstraining, die mich auszeichnet.

Seit 2006 trainiere ich auch klassisch im Fitnessstudio, um meinen Körper für den Kampfsport zu stärken und gleichzeitig natürlich auch, um gut auszusehen. Dabei merke ich, dass die Balance aus Kampfsport und Fitnesstraining für mich die beste Kombination ist, um meine Leistungsfähigkeit zu erhöhen. Ich bin so schnell und so stark wie noch nie. Durch das Fitness-Training konnte ich meinen Kampfsportstil soweit beeinflussen, dass ich das Gefühl habe, gerade die idealen Proportionen zu erreichen.

Kampfsport bedeutet für mich mehr als – ich will's mal so sagen – jemandem gezielt auf in Fresse zu schlagen. Kampfsport hat so viele Komponenten, die für mich mindestens genauso relevant sind, wie eine koordinierte Nackenschelle. Dazu gehört der Respekt anderer Menschen, aber auch sich selbst gegenüber dazu, wie auch Disziplin und natürlich die Ästhetik eines Tornado-Kicks. Neben der Befähigung zur Selbstverteidigung durch den Kampfsport und dem Wettkampfgedanken fasziniert mich die Ästhetik des Kung Fu.

Es kommt vieles zusammen, wenn ich über meine Fitnessphilosophie nachdenke. Alles bedingt sich gegenseitig. Das klingt vielleicht abstrakt, aber was ich damit meine ist, dass man an einem Punkt einfach anfängt und sich der Rest drum herum ergibt. Um an diesen Punkt zu kommen, muss man willens sein, sich einer Sache voll und ganz zu verschreiben. Bei mir ist das meine Interpretation des Wun Hop Kuen Do-Kung Fu. Alles Weitere ergibt sich, wenn man sich darauf einlässt.

Ich habe für mich festgestellt, dass es das Wichtigste ist, einem stabilen Gedanken zu folgen und sich Ziele abseits irgendwelcher materiellen Dinge zu setzen. Ich habe einfach immer gemacht, was sich für mich als logischer nächster Schritt angeboten hat. Und so verhalte ich mich auch heute noch. Jetzt das tun, woran man glaubt, und nicht darauf warten, dass sich vielleicht eine günstigere Situation ergibt. Jeder kann sich diesen stabilen Gedanken schaffen und danach leben.

AUCH DU.

TAGESABLAUF

Hier bekommst du einen kleinen Einblick in meinen Alltag, so wie's bei mir an einem "gewöhnlichen" Tag zugeht. Eigentlich gibt es wenige Tage, die sich tatsächlich gleichen, aber so sähen sie aus, wenn sie es täten.

6:30 — **AUFSTEHEN**

7:00 — **FITNESS-TRAINING**

11:00 — **DREHEN UND SCHNEIDEN**

PRE-WORKOUT
Vor dem ersten Training, gerade wenn es so früh stattfindet, trinke ich eigentlich immer einen Booster. Der versorgt mich kurzfristig mit genug Energie.

POST-WORKOUT
Direkt im Anschluss an das Fitnesstraining gibt es einen Protein-Shake. Den trinke ich noch im Studio, quasi als erstes Frühstück.

ZWISCHEN-MAHLZEIT
Mein „zweites" Frühstück besteht in der Regel aus einem einfachen Müsli mit Milch und einer Tasse Kaffee. Danach kann die Arbeit beginnen.

15:00	18:00	20:00	01:00
BÜRO	KAMPF-SPORT	STREAM	SCHLAFEN

HAUPT-GERICHT

Beim Mittagessen wird variiert. Hauptsache, das Gericht beinhaltet eine Menge Protein und Kohlenhydrate, dann sind die Energiespeicher wieder aufgefüllt.

SNACK

Für den Fall, dass ich im Büro Hunger habe, bin ich mit gesunden Snacks wie Gemüsechips oder Trockenfrüchten gut ausgestattet.

ZWISCHEN-MAHLZEIT

Nach meiner zweiten Trainingseinheit gibt es wieder direkt einen Protein-Shake.

ZWISCHEN-MAHLZEIT

Als letzte Mahlzeit des Tages esse ich, während ich streame, Rührei und trinke einen Smoothie.

Zwischendurch: Powernap, ca. 45 Minuten

1. GRÜNKOHL-CASHEW-SHAKE

FLYING UWE | PRE-WORKOUT

ZUTATEN
FÜR 2 PORTIONEN

- 70 g Grünkohl (frisch oder TK)
- 2 Bananen
- 20 g Cashewkerne
- 5 getrocknete Datteln
- 4 EL Haferflocken
- 50 g Proteinpulver
- 150 ml Mandelmilch

Diese grünen Shakes eignen sich bestens als Pre-Workout-Mahlzeit ca. 45 Minuten vor dem Training. Kohlenhydrate und ungesättigte Fette bringen dich stark durchs Workout und der Fruchtzucker steht dem Körper schnell zur Verfügung. Benutze gerne gefrorenen Grünkohl, gefrorene Bananen und Eiswürfel, das macht die Shakes sämiger.

1. Alles zusammen mit 100 ml Wasser in den Mixer geben und durchmixen – fertig. Je nach Geschmack mit weiterem Wasser oder Haferflocken nachfüllen und mixen, bis die von dir gewünschte Konsistenz erreicht ist.

TIPP

Wer sehr früh zum Training geht, muss das oft auf nüchternen Magen tun. Athleten in der Aufbauphase sollten jedoch auch vor dem Sport etwas zu sich nehmen. Dafür ist dieser Shake optimal!

KCAL	426	FETT	9 g
KH	60 g	Z	31 g
PROT	27 g	BS	9 g

Nährwerte je Portion

2. AVOCADO-SHAKE

ZUTATEN
FÜR 1 PORTION

- ½ Avocado
- 1 säuerlicher Apfel (z.B. Boskop)
- 1 Banane
- 2 cm Ingwer
- 50 g Blattspinat
- 1 Limette

1. Die Schale und den Kern der Avocado entfernen, den Apfel waschen, entkernen und vierteln, die Banane und den Ingwer schälen. Den Spinat waschen und die Limette auspressen.

2. Alles zusammen mit 400 ml Wasser in den Mixer und durchmixen. Fertig.

Nährwerte je Portion

KCAL	335	FETT	14 g
KH	53 g	Z	30 g
PROT	5 g	BS	13 g

3 WOKGEMÜSE, CASHEWS UND LIMETTENSAFT

FLYING UWE | HAUPTGERICHT

Ein typisches Gericht für den großen Hunger nach dem Training: Gemüse, Reis und Hähnchen. Wir haben das Standardrezept aufgemöbelt – natürlich ohne viel Aufwand. Ingwer, Bohnen, Limettensaft und Cashewkerne machen echt den Unterschied. Und das Hähnchen passt immer noch hervorragend dazu.

ZUTATEN
FÜR 2 PORTIONEN

70 g Cashewkerne
2 Kochbeutel bzw. 250 g Naturreis
Salz
200 g grüne Bohnen
200 g Zuckerschoten
1 Knoblauchzehe
2 cm frischer Ingwer
2 Paprikaschoten
2 Frühlingszwiebeln
1 EL Rapsöl
2 EL Sojasauce
1 EL Agavendicksaft
Saft von 1 Limette
Pfeffer
1 Handvoll Sesamsaat (optional)

1. Eine Pfanne für das Anrösten der Cashewkerne ohne Fett erhitzen und die Cashewkerne darin goldbraun rösten.

2. Den Reis nach Packungsbeilage in Salzwasser kochen.

3. Bohnen und Zuckerschoten waschen und in mundgerechte Stücke schneiden. Beides für 3 Minuten in kochendes Salzwasser geben, abgießen und kalt abschrecken. Gut abtropfen lassen.

4. Knoblauch und Ingwer schälen und fein hacken. Die Paprika waschen, putzen und in schmale Streifen schneiden. Die Frühlingszwiebeln waschen und schräg in breite Ringe schneiden.

5. Das Öl in einem Wok erhitzen und den Knoblauch mit dem Ingwer kurz anschwitzen.

6. Das Gemüse zugeben und unter gelegentlichem Schwenken anbraten. Die Cashewkerne untermischen und mit Sojasauce, Honig, Limettensaft und Pfeffer abschmecken.

7. In Schälchen anrichten und mit Sesam bestreut servieren.

VARIATION MUSKELAUFBAU

Für mehr Eiweiß, einfach ca. 400 g Hähnchenfilet hinzufügen. Das Fleisch kannst du vorher noch einlegen. Dafür legst du es in eine Plastiktüte oder Schüssel und gibst soviel Sojasauce dazu, dass alles Fleisch etwas abbekommt. Lass es mindestens eine halbe Stunde ziehen, bevor du es in der Pfanne anbrätst.

TIPP

Ingwer schälst du am besten mit einem Esslöffel. Kratze die Haut vorsichtig ab, indem du den Löffel wie einen Sparschäler benutzt.

Nährwerte je Portion

KCAL	FETT	KH	Z	PROT	BS
903	25 g	138 g	22 g	25 g	18 g

FLYING UWE | HAUPTGERICHT

4 FRITTATA: ITALIENISCHES OMELETT

Der Unterschied zwischen Frittata und dem klassischen Omelett: Die Frittata wird nicht zusammengeklappt und kommt in den Ofen. Frittata ist ein proteinreiches Low-Carb-Gericht und optimal für ein leichtes, energiereiches Frühstück. Zur Frittata passen auch Pilze, Schinken, Oliven oder Tofu.

ZUTATEN
FÜR 2 PORTIONEN

- 200 g TK-Scampi
- 6 Eier
- 100 ml fettarme Milch
- 1 TL Salz
- 2 Tomaten
- ½ Brokkoli
- etwas italienische Kräuter

1. Die Scampi auftauen lassen. Den Ofen auf 200 °C Ober- und Unterhitze (180 °C Umluft) vorheizen.

2. Die Eier mit der Milch und dem Salz verquirlen.

3. Die Tomaten und den Brokkoli waschen, kleinschneiden und zusammen mit den aufgetauten Scampi und den Kräutern zur Eier-Milch-Mischung geben. Anschließend alles in eine ofenfeste Pfanne oder eine Auflaufform gießen.

4. Etwa 20 Minuten im Ofen backen.

VARIATION
ABNEHMEN

Da das Eigelb viel Fett (27%) enthält, kannst du es für eine fettärmere Variante einfach weglassen. Am besten, du benutzt 1 ganzes Ei (für den Geschmack) und 5 Eiweiße. In größeren Supermärkten findest du Eiweiß im Tetrapak. Du kannst natürlich auch ganze Eier nehmen und nur das Eiweiß verwenden.

Nährwerte je Portion

KCAL	FETT	KH	Z	PROT	BS
416	21 g	15 g	9 g	44 g	4 g

FLYING UWE | ZWISCHENMAHLZEIT

5 THUNFISCHSALAT FÜR GAMER

Dieser Salat ist Uwes Eiweißbombe. Der Thunfisch versorgt dich mit ausreichend Energie bei langen Zock-Sessions, die Avocado und das Olivenöl mit gesunden Fetten, und dank Zitronensaft und Gurke wird auch der Vitaminhaushalt auf Vordermann gebracht. Funktioniert natürlich auch als gesunde Beilage.

ZUTATEN
FÜR 1 PORTION

¼ Eisbergsalat
½ rote Zwiebel
½ Gurke
½ Avocado
1 Dose Thunfisch
1 TL Zitronensaft
3 TL Olivenöl
2 TL Balsamico-Creme
Salz und Pfeffer

1. Einige Blätter vom Eisbergsalat abtrennen, waschen und in kleinere Stücke zupfen.

2. Die Zwiebel schälen und würfeln, die Gurke schälen, längs vierteln und die Viertel in Scheiben schneiden, die Avocado von Schale und Kern lösen und in mittelgroße Stücke schneiden.

3. Alles zusammen mit dem abgetropften Thunfisch in eine Schüssel geben und mit dem Zitronensaft, dem Olivenöl, der Balsamico-Creme, Salz und Pfeffer vermischen.

VARIATION
MUSKELAUFBAU

Zum Thunfischsalat kannst du auch noch eine Dose Kidneybohnen geben. Vorher die Bohnen gut abspülen und gut abtropfen lassen. Sie sorgen für mehr Kohlenhydrate und eine Extraportion Eiweiß.

Nährwerte je Portion

KCAL	FETT	KH	Z	PROT	BS
534	33 g	21 g	12 g	37 g	10 g

FLYING UWE | ZWISCHENMAHLZEIT

KNABBERZEUG

Kichererbsen und Kidneybohnen liefern eine Menge hochwertiges pflanzliches Protein. Gerade Veganer werden das bereits wissen, aber auch für Fans tierischer Eiweiße lohnt es sich, die Hülsenfrüchte im Speiseplan zu berücksichtigen. Einfach mit ein paar Gewürzen im Ofen geröstet, sind sie ein toller Snack zum Zwischendurchknabbern.

6 | KICHERERBSEN

ZUTATEN FÜR 1 PORTION

- 265 g Kichererbsen
- 1 TL Paprikapulver
- 1 TL gemahlener Kreuzkümmel
- ½ TL Salz

Nährwerte je Portion

KCAL	251	FETT	5 g
KH	30 g	Z	3 g
PROT	13 g	BS	33 g

1. Den Ofen auf 200 °C Ober- und Unterhitze (180 °C Umluft) vorheizen.

2. Den Inhalt der Bohnen- bzw. Kichererbsendosen in einem Durchschlag abgießen, abspülen und abtropfen lassen.

3. Alle Zutaten in einer Schüssel gut miteinander vermischen und auf einem mit Backpapier ausgelegten Blech verteilen.

4. Das Blech ca. 20 Minuten in den vorgeheizten Ofen schieben.

7 | KIDNEYBOHNEN

ZUTATEN FÜR 1 PORTION

- 255 g Kidneybohnen
- 2 TL Paprikapulver
- 1 TL Currypulver
- 1 TL italienische Kräutermischung
- ½ TL Cayennepfeffer

Nährwerte je Portion

KCAL	333	FETT	4 g
KH	38 g	Z	11 g
PROT	23 g	BS	18 g

FLYING UWE | HAUPTGERICHT

MARINADEN

Wenn es in die Fitnessküche geht, dann ist Hähnchen die Allzweckwaffe schlechthin. Mit wenig Fett, viel Protein und lecker angebraten passt es zu Salaten, Reis, Nudeln, Kartoffeln… quasi allem. Wir haben hier zwei Marinaden für dich, die dein täglich Chicken auf das nächste Level heben.

1. Die Hähnchenbrustfilets waschen, in Würfel schneiden und in einen Gefrierbeutel packen.

2. Alle Gewürze in den Beutel geben, zuknoten und mit den Händen durchkneten, sodass das Fleisch gleichmäßig mit Gewürzen bedeckt wird. Anschließend für mindestens 3 Stunden, besser noch über Nacht, in den Kühlschrank legen und die Marinade ziehen lassen, bevor du das Hähnchen anbrätst oder grillst.

8 | ZIMT-MARINADE

ZUTATEN FÜR 1 PORTION

- 300 g Hähnchenbrustfilet
- 1 geschälte und durchgedrückte Knoblauchzehe
- 1 EL Öl
- 1 EL Balsamico-Creme
- 1 TL Zimtpulver
- 1 TL flüssiger Honig

Nährwerte je Portion

KCAL	511	FETT	16 g
KH	17 g	Z	15 g
PROT	70 g	BS	1 g

9 | JOGHURT-MARINADE

ZUTATEN FÜR 1 PORTION

- 300 g Hähnchenbrustfilet
- 100 g fettarmer Joghurt
- 1 geschälte und durchgedrückte Knoblauchzehe
- 1 TL flüssiger Honig
- 1 TL Chilipulver
- 1 TL gemahlener Kreuzkümmel
- ½ TL gemahlener Koriander

Nährwerte je Portion

KCAL	439	FETT	6 g
KH	18 g	Z	16 g
PROT	76 g	BS	2 g

10 BURGER-WRAP

FLYING UWE | HAUPTGERICHT

Der Burger-Wrap bietet dir einen gediegenen Fast-Food-Geschmacksausflug ohne Reuemoment, mit viel Eiweiß und wenig Kohlenhydraten. Dieser Wrap schmeckt tatsächlich fast wie ein echter Burger, ist aber um Längen gesünder. Die Portion aus diesem Rezept ist ziemlich mächtig. Also aufpassen, nicht zu viel essen und lieber zwei Tage hintereinander genießen.

ZUTATEN
FÜR 2 PORTIONEN
TEIG
3 Eier
250 g Magerquark
125 g geriebener Light-Käse
1 TL Pizzagewürz
TL Pfeffer

SAUCE
1 EL Senf
3 EL Tomatenmark
1 TL flüssiger Honig
1 EL Zitronensaft
4 EL fettarmer Joghurt

BELAG
5 Kirschtomaten
1 Zwiebel
3 Gewürzgurken
4 Blätter Eisbergsalat
200 g Rinderhackfleisch
Salz und Pfeffer
4 Scheiben Schmelzkäse light

1. Den Ofen auf 180 °C Ober- und Unterhitze (160 °C Umluft) vorheizen.

2. Für den Teig Eier, Quark und Emmentaler in einer Schüssel gründlich vermischen.

3. Pizzagewürz und Pfeffer zur Teigmasse geben und die Masse noch einmal gut mischen.

4. Ein Backblech mit Backpapier auslegen und den Teig gleichmäßig darauf verteilen.

5. Im Ofen 20 Minuten backen, anschließend rausholen und abkühlen lassen.

6. In der Zwischenzeit für die Sauce in einer Schüssel Senf, Tomatenmark, Honig, Zitronensaft, Joghurt und etwas Pfeffer verrühren.

▪▪▪▪ BURGER-WRAP

7. Die Tomaten waschen, die Zwiebeln schälen. Tomaten, Zwiebeln und Gewürzgurken klein schneiden. Die Salatblätter waschen.

8. Eine beschichtete Pfanne gut erhitzen und das Hackfleisch darin anbraten.

9. Wenn das Hackfleisch kross ist, die Gurken hinzugeben und mit Salz und Pfeffer abschmecken.

10. Die Sauce auf dem abgekühlten Teig verteilen.

11. Das Hackfleisch auf zwei Dritteln des Teigs verteilen, dann lässt sich der Teig leichter rollen.

12. Die Schmelzkäsescheiben auf das Hackfleisch geben. Dann die Tomaten, Salatblätter, Zwiebeln und die restliche Sauce auf dem Käse verteilen.

13. Das Ganze nun einrollen. Am besten funktioniert das, wenn der Teig erst während des Rollens, nach und nach, vom Backpapier gelöst wird.

VARIATION FÜR VEGETARIER

Das Hackfleisch kannst du einfach gegen Räuchertofu ersetzen, die Nährwerte bleiben damit fast dieselben. Schneide den Räuchertofu in kleine Stücke und brate ihn genauso wie in Schritt 8 das Hackfleisch gut an.

Nährwerte je Portion

| KCAL | 815 | FETT | 44 g | KH | 30 g | Z | 27 g | PROT | 79 g | BS | 4 g |

11 PIZZA MIT THUNFISCHBODEN

FLYING UWE | HAUPTGERICHT

Die „So-gut-wie No-Carb-Variante" der italienischen Lieblingsspeise. Wer vor dem Thunfisch zurückschreckt, macht einfach unsere Zucchinibodenvariante (siehe Rezept auf Seite 72). Probieren solltet ihr es trotzdem, in keiner anderen glutenfreien Pizzabodenmischung bekommt ihr einen so krossen Teig.

ZUTATEN
FÜR 1 PIZZA

- 1 Dose Thunfisch
- 1 Becher körniger Frischkäse
- 2 Eier
- Salz und Pfeffer

BELAG

- 4 EL Tomatenmark
- 10 Kirschtomaten
- 100 g Geflügelsalami
- 100 g geriebener Light-Käse

1. Ein Blech mit Backpapier auslegen und den Ofen auf 200 °C Ober- und Unterhitze (Umluft 180 °C) vorheizen.

2. Den Thunfisch abgießen und mit körnigen Frischkäse, Eiern, Salz und Pfeffer in eine Schüssel geben. Zu einem gleichmäßigen Teig vermengen.

3. Den Teig mit einem Löffel auf dem Backpapier verteilen. Er sollte so dünn wie möglich und ohne Lücken ausgestrichen werden.

4. Den Pizzaboden 20 Minuten backen. Der Boden ist fertig, wenn er an den Rändern langsam braun wird.

5. Den Pizzaboden mit dem Tomatenmark dünn bestreichen. Die Kirschtomaten waschen, abtropfen lassen und mit den restlichen Zutaten auf dem Boden verteilen. Ca. 10 Minuten goldbraun backen.

TIPP

Die Pizza schmeckt auch kalt gut. Am besten, du machst direkt die doppelte Menge und belegst die Pizzen unterschiedlich, dann hast du mehr Abwechslung und für mehrere Tage etwas. Du kannst das Tomatenmark auch gegen Kräuterquark, BBQ- oder Currysauce tauschen.

Nährwerte je Pizza

KCAL	FETT	KH	Z	PROT	BS
1102	53 g	27 g	22 g	128 g	4 g

FLYING UWE | SNACK

12 APFELCHIPS

Apfelchips – der ein oder andere wird im Supermarkt bereits an diesem süß-knackigen Snack vorbeigelaufen sein. Dass sich Apfelchips ohne viel Aufwand im Ofen selbst machen lassen, kann man sich vorstellen, trotzdem probieren es die wenigsten aus. Eigentlich ist es egal, welche Apfelsorte du verwendest. Wer es süß-säuerlich mag, nimmt Elstar oder Boskop. Einfach mal ausprobieren!

ZUTATEN
FÜR 2 BLECHE

4 Äpfel
(z.B. Elstar
oder Boskop)

1. Den Ofen auf 50 °C vorheizen, am besten Umluft. (Wer einen Dörrautomaten hat, kann die Apfelchips natürlich auch darin trocknen). Die Äpfel waschen, abtrocknen und je nach Belieben entweder quer oder längs in sehr dünne Scheiben (2–4 mm) hobeln oder schneiden.

2. Die Apfelscheiben in einer Lage auf zwei mit Backpapier ausgelegte Bleche legen und die Bleche für mindestens 4 Stunden in den Ofen schieben. Unbedingt einen Holzlöffel zwischen Ofen und Ofentür klemmen, damit die Feuchtigkeit, die beim Trocknen entsteht, entweichen kann.

3. Die Backbleche mit den fertigen Apfelchips herausnehmen und abkühlen lassen. Apfelchips anschließend luftdicht verpacken und in etwa 5 Tagen aufknabbern.

TIPP

Wer vermeiden möchte, dass die Apfelringe sich durch Oxidieren etwas braun färben, beträufelt die Apfelscheiben direkt beim Schneiden mit etwas Zitronensaft. Wer auf Zimt steht, kann die Apfelringe vor dem Backen damit bestreuen. Neben Äpfeln lässt sich auch Gemüse sehr gut zu Chips verarbeiten (siehe Rezept auf der nächsten Seite).

Dörrautomaten:
Wer regelmäßig und mehr Trockenobst herstellen möchte, für den lohnt sich die Anschaffung eines Dörrautomaten. So gelingt das Trocknen noch besser, ohne dass die Früchte hart werden. Auch der Geschmack ist aromatischer. Dörrautomaten gibt es bereits ab etwa 20 Euro im Handel.

FLYING UWE | SNACK

GEMÜSECHIPS

Gemüsechips als eine leichtere und gesündere Alternative zu Chips aus der Tüte können im Ofen einfach selbst gemacht werden. Der Fantasie sind keine Grenzen gesetzt. Fast alles, was man an Gemüse in schmale Scheiben schneiden oder hobeln kann, lässt sich auch in Chips verwandeln. Allerdings: Damit die Gemüsechips auch im Backofen richtig schön knusprig werden, ist es wichtig, dass das Gemüse so wenig Wasser wie möglich enthält. Tomaten und Gurken beispielsweise sind eher nicht geeignet.

1. Backofen auf 160 °C Ober- und Unterhitze (140 °C Umluft) vorheizen.

2. Die Zutaten für die ausgewählten Gemüsechips zusammen mit den Gemüsescheiben in eine Schüssel geben und gut vermischen.

3. Die Chips in einer Lage gut auf einem Backblech verteilen und das Blech für ca. 45 Minuten in den Backofen schieben.

4. Bei Öfen, die keine Umluft-Funktion haben, unbedingt einen Holzlöffel zwischen Ofen und Ofentür klemmen oder zwischendurch immer wieder die Tür öffnen, damit die Feuchtigkeit abziehen kann.

5. Chips herausholen und abkühlen lassen. Anschließend die Chips luftdicht verpacken und in etwa 5 Tagen verzehren.

TIPP

Schneide oder reibe das Gemüse so dünn wie möglich, salze die Gemüsescheiben und lasse sie ca. 15 Minuten stehen. So wird dem Gemüse die Feuchtigkeit entzogen. Vor dem Backen kannst du das überschüssige Salz und die Feuchtigkeit von den Gemüsescheiben mit etwas Küchenpapier abtupfen. So bekommst du die knusprigen Gemüsechips ohne Fritteuse und unnötiges Fett gebacken.

13
ZUCCHINI

ZUTATEN
ZUTATEN FÜR 2 ZUCCHINI

2 EL Olivenöl
1 TL Salz
1 TL Knoblauchpulver
1 TL Paprikapulver

14
SÜSS-KARTOFFEL

ZUTATEN
FÜR 2 SÜSSKARTOFFELN

1 EL Olivenöl
1 TL Salz
1 TL Rosmarin

TIPP

Auch hier gerne weitere Gewürze hinzufügen: 1–2 TL fein geschnittenes Zitronengras, Muskat, Chilipulver oder Zimt passen hervorragend zu Süßkartoffeln.

15
AUBERGINE

ZUTATEN
FÜR 2 AUBERGINEN

Saft von 1 Zitrone
1 EL Vollkorn-Weizenmehl
1 EL Olivenöl
1 TL Salz

16
ROTE BETE

ZUTATEN
FÜR 1 ROTE BETE

1 EL Olivenöl
1 TL Salz
1 TL Thymian

TIPP

Wer mag, kann weitere Gewürze hinzufügen: 1–2 TL gemahlener Koriander, Ingwerpulver oder geriebener Meerrettich passen zu den Rote-Bete-Chips super.

17
WIRSING

ZUTATEN
FÜR ½ WIRSING

1 EL Olivenöl
1 TL Salz
1 TL Thymian
1 TL Rosmarin

18 BLUMENKOHLAUFLAUF MIT HARZER KÄSE

FLYING UWE | HAUPTGERICHT

Dieser Auflauf ist beinahe fettfrei, dafür bekommt er durch Parmesan und Harzer Käse eine ordentliche Portion Proteine mit. Mit Oregano, frischem Basilikum und den getrockneten Tomaten schmeckt er frisch und würzig. Wenn du Lust auf Fleisch hast, nimm ca. 80 g Kochschinken dazu.

ZUTATEN
FÜR 1 PORTION

1 Blumenkohl
2 Tomaten
12 Basilikumblätter
1 Knoblauchzehe
30 g Parmesan
50 g getrocknete Tomaten in Öl
100 g Harzer Käse
2 Eier
1 TL Oregano

1. Backofen auf 200 °C Ober- und Unterhitze (180 °C Umluft) vorheizen.

2. Den Blumenkohl waschen und sehr fein zerkleinern, am besten in einem Mixer. Anschließend den feinen Blumenkohl in ein sauberes Geschirrtuch geben mit Kraft ausdrücken, um möglichst viel Flüssigkeit zu entfernen.

3. Frische Tomaten und Basilikumblätter waschen. Den Knoblauch schälen. Die Tomaten in Scheiben schneiden und den Parmesan sowie die Basilikumblätter fein hacken. Die getrockneten Tomaten abtropfen lassen und wie auch den Knoblauch und den Harzer Käse grob schneiden.

4. Blumenkohl, Basilikum, getrocknete Tomaten, Knoblauch, Harzer Käse, Eier und Oregano in eine Schüssel geben und gut miteinander vermengen. Anschließend in eine Auflaufform geben.

5. Die Tomatenscheiben und den Parmesan auf dem Auflauf verteilen und ca. 20 Minuten backen.

Nährwerte je Portion

KCAL	FETT	KH	Z	PROT	BS
765	30 g	30 g	11 g	78 g	29 g

19 LINSEN MIT MÖHREN

FLYING UWE | HAUPTGERICHT

Die Veganer unter den Fitnessköchen werden Linsen aufgrund ihres hohen Proteingehalts und der wertvollen Kohlenhydrate bereits schätzen gelernt haben. Sie eignen sich für jeden als gesunde und schmackhafte Beilage oder, wie in diesem Gericht, als Grundzutat. Belugalinsen schmecken nussig und zerfallen nicht so beim Kochen wie andere Linsen.

ZUTATEN
FÜR 2 PORTIONEN

300 g Belugalinsen
1 Zwiebel
1 Knoblauchzehe
3 Möhren
300 g passierte Tomaten
3 TL Gemüsebrühe
Salz und Pfeffer

1. Die Linsen in einem Sieb gründlich waschen. Zwiebel und Knoblauch schälen und fein schneiden. Alles in einen Topf geben, mit 900 ml heißem Wasser aufgießen und ca. 25 Minuten köcheln lassen.

2. In der Zwischenzeit die Möhren schälen und in kleine Stücke schneiden.

3. Nach ca. 25 Minuten zusammen mit den passierten Tomaten und der Gemüsebrühe zu den Linsen geben und mit Salz und Pfeffer abschmecken.

4. Nochmal etwa 10 Minuten köcheln lassen, dann ist das Gericht fertig!

TIPP

Kenner kochen auch hier mehr, um für die nächsten Tage vorzusorgen. Nicht nur um Zeit zu sparen: Die Linsen schmecken nach einem Tag noch besser, weil sie dann schön durchgezogen sind.

Nährwerte je Portion

KCAL	FETT	KH	Z	PROT	BS
574	3 g	80 g	19 g	39 g	33 g

20 ZUCCHINIBODEN-PIZZA

FLYING UWE | HAUPTGERICHT

Pizzaböden ohne den klassischen Mehlteig sind nicht deine Sache? Probier es doch mal hiermit aus! Der Zucchiniboden ist dicker als der Blumenkohl-, bzw. Thunfisch-Frischkäse-Boden unserer anderen Pizzen. Und er ist saftiger, deshalb musst du aufpassen, dass der Belag den empfindlichen Boden nicht durchweicht.

ZUTATEN
FÜR 1 PIZZA

1½ Zucchini
2 Eier
30 g Vollkorn-Weizenmehl
100 g Light-Käse
1 TL Oregano
½ TL Salz

BELAG

300 g Hähnchenbrustfilet
1 TL Öl zum Braten
1 TL Currypulver
Salz und Pfeffer
1 Zwiebel
½ Paprikaschote
100 ml Curry-Mango-Sauce (Glas)
30 g geriebener Parmesan
50 g Rucola

1. Den Ofen auf 200 °C Ober- und Unterhitze (180 °C Umluft) vorheizen.

2. Die Zucchini waschen, längs in vier Scheiben schneiden und daraus mit einem Sparschäler schmale, bandnudelartige Streifen schneiden.

3. Die Zucchinistreifen mit Eiern, Mehl, Käse, Oregano und Salz verrühren und auf einem mit Backpapier ausgelegten Backblech möglichst flach verteilen.

4. Den Boden ca. 20 Minuten backen.

5. In der Zwischenzeit das Hähnchenfleisch waschen, in feine Steifen schneiden und in einer Pfanne in etwas Öl auf allen Seiten anbraten. Mit Curry, Salz und Pfeffer abschmecken. Die Zwiebel schälen und in Würfel schneiden. Die Paprika waschen, putzen und in feine Streifen schneiden.

6. Den Boden aus dem Ofen holen und die Curry-Mango-Sauce darauf verteilen. Dann Hähnchen, Zwiebel, Paprika und zum Schluss den Parmesan auf den Teig geben. Ca. 10 Minuten weiterbacken, bis alles gar ist.

7. Den Rucola waschen, trocken schütteln und auf der Pizza verteilen.

Nährwerte je Pizza

KCAL	FETT	KH	Z	PROT	BS
1495	76 g	59 g	32 g	136 g	11 g

21 ONE POT PASTA KLASSIK

FLYING UWE | HAUPTGERICHT

One Pot Pasta ist so einfach wie es klingt. Alle Zutaten – inklusive der Nudeln – werden in einen Topf geworfen, Brühe drauf, kochen, fertig. Als Erfinderin gilt die amerikanische Koch-Ikone Martha Steward – dankeschön! Wir würden mal behaupten, jeder der schonmal Spaghetti in einem Wasserkocher gekocht hat, wird dieses Rezept lieben.

ZUTATEN
FÜR 4 PORTIONEN

500 g Vollkornspaghetti
4 Tomaten
1 Zwiebel
1 Knoblauchzehe
2 EL Oregano
2 EL Tomatenmark
1 l Gemüsebrühe
2 EL Olivenöl
70 g Parmesan
Salz und Pfeffer

1. Spaghetti durchbrechen, Tomaten waschen und in grobe Stücke schneiden, Zwiebel und Knoblauch schälen und fein schneiden. Alles zusammen mit dem Oregano und dem Tomatenmark in einen Topf geben.

2. Die Gemüsebrühe erhitzen, in den Topf gießen und das Olivenöl einrühren.

3. Ca. 12 Minuten kochen lassen und regelmäßig umrühren.

4. In der Zwischenzeit Parmesan reiben und kurz vor Ende unterrühren.

5. Mit Salz und Pfeffer abschmecken.

Nährwerte je Portion

KCAL	617	FETT	16 g
KH	89 g	Z	12 g
PROT	24 g	BS	12 g

22 MIT PILZEN

ZUTATEN
FÜR 4 PORTIONEN

1 Zwiebel
1 Knoblauchzehe
500 g Champignons
2 Zucchini
200 g Erbsen
500 g Vollkornnudeln
1 l Gemüsebrühe
3 EL weißes Mandelmus
80 g Parmesan
2 TL Thymian
Salz und Pfeffer

1. Zwiebel und Knoblauch schälen und fein schneiden. Champignons und Zucchini waschen und in Streifen schneiden. Alles mit den Erbsen und den Nudeln in einen Topf geben.

2. Die Gemüsebrühe erhitzen und das Mandelmus in die heiße Brühe rühren. In den Topf gießen und ca. 10 Minuten köcheln lassen – regelmäßig umrühren.

3. 3 Minuten vor Ende der Garzeit den Parmesan reiben und mit dem Thymian unter die Pasta heben. 3 Minuten weiterköcheln lassen und mit Salz und Pfeffer abschmecken.

Nährwerte je Portion

KCAL	683	FETT	16 g
KH	94 g	Z	11 g
PROT	34 g	BS	17 g

23 | MIT RÄUCHERLACHS

ZUTATEN

FÜR 4 PORTIONEN

1 Zwiebel
1 Knoblauchzehe
500 g Vollkornnudeln
1 l Gemüsebrühe
4 EL weißes Mandelmus
70 g Parmesan
100 g frischer Spinat
200 g Räucherlachs
Saft von 1 Zitrone
Salz und Pfeffer

1. Zwiebel und Knoblauch schälen, fein schneiden und zusammen mit den Nudeln in einen Topf geben.

2. Die Gemüsebrühe erhitzen, das Mandelmus in die heiße Brühe rühren, in den Topf gießen und ca. 10 Minuten köcheln lassen – regelmäßig umrühren.

3. 3 Minuten vor Ende der Garzeit den Parmesan reiben und den Spinat waschen, gründlich abtropfen lassen und grob hacken. Den Lachs klein schneiden und zusammen mit dem Spinat und dem Parmesan unter die Pasta heben. Weiterköcheln lassen, bis der Spinat zusammengefallen ist.

4. Mit Zitronensaft, Salz und Pfeffer abschmecken.

Nährwerte je Portion

KCAL	709	FETT	22 g
KH	85 g	Z	8 g
PROT	35 g	BS	12 g

24 | MIT HÄHNCHEN

ZUTATEN

FÜR 4 PORTIONEN

1 Zwiebel
2 EL Öl
400 g Hähnchenbrustfilet
1 TL Oregano
100 g getrocknete Tomaten in Öl
1 l Gemüsebrühe
6 EL weißes Mandelmus
500 g Vollkornnudeln
80 g Parmesan
½ Bund Petersilie
Salz und Pfeffer

1. Die Zwiebel schälen, fein schneiden und in einem Topf in dem Öl glasig schwitzen.

2. Das Hähnchenfleisch waschen, würfeln und mit in den Topf geben. Mit dem Oregano würzen und rundherum anbraten.

3. Die getrockneten Tomaten abtropfen lassen und in Streifen schneiden. Die Gemüsebrühe erhitzen und das Mandelmus in die heiße Brühe rühren. Mit den Tomaten und den Nudeln in den Topf geben.

4. Aufkochen und ca. 15 Minuten köcheln lassen – regelmäßig umrühren.

5. Den Parmesan reiben und die Petersilie waschen, trocken schütteln und hacken. Beides unter die Pasta heben und mit Salz und Pfeffer abschmecken.

Nährwerte je Portion

KCAL	883	FETT	33 g
KH	86 g	Z	9 g
PROT	51 g	BS	13 g

25 HARZER-KARTOFFELTALER

FLYING UWE | SNACK

Mit nur einem halben Gramm Fett auf 100 Gramm und 29 Gramm Protein gehört Harzer Käse zu den fettärmsten Käsesorten und zu einem der beliebtesten Lebensmittel bei Kraftsportlern. Der Haken an der Sache: Vielen ist der „Stinker" zu pikant in Geruch und Geschmack. Dieses Problem haben wir mit unseren Talern gelöst, ohne dabei dem Käse sein Aroma zu nehmen.

ZUTATEN
FÜR 8 TALER

450 g Kartoffeln

Salz

100 g Harzer Käse

1 Ei

20 g Vollkorn-Weizenmehl

1 Zwiebel

2 Frühlingszwiebeln

70 g getrocknete Tomaten in Öl

100 g Light-Schinkenwürfel

evtl. Kräuter nach Belieben

1. Die Kartoffeln gründlich waschen und ungeschält ca. 20 Minuten in Salzwasser kochen, bis sie gar sind. Abgießen, beiseite stellen und abkühlen lassen.

2. In der Zwischenzeit den Harzer Käse grob zerkleinern. Käse und Ei zusammen mit dem Pürierstab pürieren.

3. Die abgekühlten Kartoffeln pellen, zusammen mit dem Mehl zur Käse-Ei-Masse geben und verrühren.

4. Die Zwiebel schälen und klein schneiden. Die Frühlingszwiebel waschen und ebenfalls klein schneiden. Die getrockneten Tomaten abtropfen lassen und klein schneiden. Alles mit den Schinkenwürfeln unter die Käse-Ei-Masse rühren. Nach Belieben mit Kräutern würzen.

5. Den Backofen auf 200 °C Ober- und Unterhitze (180 °C Umluft) vorheizen.

6. Aus der Masse mit zwei Esslöffeln kleine Taler formen und auf einem mit Backpapier ausgelegten Backblech verteilen.

7. Ca. 45 Minuten im Ofen backen, bis die Oberfläche schön knusprig, aber das Innere noch weich ist.

Nährwerte je Taler

KCAL	FETT	KH	Z	PROT	BS
112	2 g	12 g	2 g	9 g	2 g

FLYING UWE | ZWISCHENMAHLZEIT

26 PROTEIN-HAFERBREI MIT FRÜCHTEN

Haferbrei ist das wohl beliebteste Sportlerfrühstück. Einfach zubereitet und voller wichtiger Nährstoffe. Haferflocken bestehen zu zwei Dritteln aus langkettigen Kohlenhydraten, versorgen dich also bis zum Mittag mit genügend Energie. Zusätzlich kannst du dir noch allerhand frische oder tiefgefrorene Früchte und Obst für die Vitamine reinschnibbeln.

ZUTATEN
FÜR 1 PORTION

20 g Proteinpulver
8 EL Haferflocken
1 Banane
50 g TK-Beerenmischung
5 Walnüsse

1. Ca. ½ Tasse Wasser aufkochen, am besten im Wasserkocher.

2. Proteinpulver mit den trockenen Haferflocken in einem Topf vermischen.

3. Die Banane schälen, zerdrücken und mit den Beeren in die Haferflockenmischung rühren.

4. Das Wasser aufgießen und den Brei kurz erhitzen – Umrühren nicht vergessen.

5. Nüsse hacken und über den Brei streuen.

VARIATION

Wer das Nussaroma verstärken möchte oder es süßer mag, kann Nuss- oder Hafermilch statt des Wassers verwenden.

Nährwerte je Portion

KCAL	FETT	KH	Z	PROT	BS
789	35 g	81 g	19 g	34 g	15 g

27 — FLYING UWE | PRE-WORKOUT
PROTEINRIEGEL „SCHOKO-BOHNE"

Proteinriegel sind leichter selbst gemacht als gedacht. Und mit der Hauptzutat hier hättest du nicht gerechnet, wetten? Es sind Kidneybohnen. Kidneybohnen enthalten neben ordentlich Protein auch Ballaststoffe. Diese Powerriegel eignen sich besonders für den Energieschub, den du vor dem Training brauchst.

ZUTATEN
FÜR 6 RIEGEL

- 255 g Kidneybohnen
- 2 EL Agavendicksaft
- 2 EL Mandelmilch
- 10 Haselnüsse
- 20 g Zartbitterschokolade
- 1 EL stark entöltes Kakaopulver
- 2 EL Kokosmehl
- 50 g Proteinpulver
- 30 g Cranberries

1. Den Ofen auf 180 °C Ober- und Unterhitze (160 °C Umluft) vorheizen.

2. Die Kidneybohnen in einem Durchschlag abgießen, abspülen und abtropfen lassen.

3. Die Bohnen zusammen mit Agavendicksaft und Mandelmilch in einem Mixer zu einer breiigen Konsistenz mixen.

4. Die Haselnüsse mit einem scharfen Messer halbieren und die Zartbitterschokolade in kleine Stücke schneiden.

5. Die Bohnenmasse in eine Schüssel füllen und zusammen mit Kakaopulver, Kokosmehl, Proteinpulver, Cranberries, halbierten Haselnüsse und Schokoladenstückchen kräftig verrühren.

6. Eine Kastenform mit Backpapier auslegen, die Masse darin verteilen und glatt streichen.

7. Ca. 15 Minuten backen, dann auskühlen lassen.

8. Die gebackene Masse mit dem Backpapier aus der Form heben und in 6 Riegel schneiden.

VARIATION
ABNEHMEN

Um Zucker zu sparen, kannst du statt der Cranberries und dem Agavendicksaft auch Stevia zum Süßen verwenden. Für weniger Fett lass einfach die Haselnüsse weg.

Nährwerte je Riegel

KCAL	FETT	KH	Z	PROT	BS
192	8 g	17 g	11 g	12 g	5 g

28 GEFRORENE WEINTRAUBEN
FLYING UWE | SNACK

Ja, auf die Idee muss man erst mal kommen: Weintrauben ins Gefrierfach zu legen. Wir würden behaupten, das ist das einfachste Eisrezept der Welt. Wer ein bisschen mit den Gefrierzeiten experimentiert, kann noch die Konsistenz der Trauben beeinflussen. Wir haben ca. fünf Stunden gewartet und heraus kamen süß-leckere Sorbet-Trauben. Natürlich lassen sich soauch andere „Obst-Eissorten" herstellen. Wie wär's mit Bananen- oder Meloneneis?!

ZUTATEN

kernlose Weintrauben

1. Die Weintrauben waschen und abtropfen lassen.

2. Falls du die Weintrauben in einer Plastikschale gekauft hast, kannst du sie mit den Trauben in den Tiefkühler stellen. Ansonsten gibst du die Weintrauben in eine gefriergeeignete feste Plastikdose ohne Deckel.

3. Ca. 5 Stunden warten, dann sind die Weintrauben gefroren.

KCAL	3	FETT	0 g
KH	1 g	Z	1 g
PROT	0 g	BS	0 g

Nährwerte je Weintraube

29 TASSENKUCHEN

FLYING UWE | ZWISCHENMAHLZEIT

Wer eine Mikrowelle zu Hause hat, sollte mal einen Tassenkuchen, beziehungsweise einen Mug Cake backen. Wir haben hier das wirklich einfache Grundrezept des Tassenkuchens für dich – und das hat schon richtig gute Nährwerte. Lass deiner Phantasie freien Lauf, probier den Quark mit frischen Früchten oder mische ein bisschen Proteinpulver mit deinem Lieblingsgeschmack drunter.

ZUTATEN
FÜR 1 TASSE

5 EL Magerquark
1 Ei
3 EL Haferflocken
1 TL Backpulver

1. Alle Zutaten in einem großen Becher verrühren.

2. 2 Minuten bei höchster Wattzahl in der Mikrowelle backen.

KCAL	271	FETT	8 g
KH	23 g	Z	5 g
PROT	24 g	BS	3 g

Nährwerte je Tasse

TIPP BACKEN IN DER MIKROWELLE

Wenn du Proteinpulver hinzufügst, dann achte darauf, dass die Tasse nicht zu voll wird. Ziehe die entsprechende Menge bei den Haferflocken ab. Probier den Kuchen auch mal mit einem untergemischten, zerbröselten Keks oder Proteinriegel – lecker.

30 KAFFEE-BOOSTER

FLYING UWE | PRE-WORKOUT

Kaffee wird von vielen Sportlern als natürlicher Booster vor dem Training getrunken. Das Koffein putscht dich auf. Wenn du ihn mit Zucker trinkst, bekommst du schnelle Kohlenhydrate, die dich mit Energie versorgen. Und mit der hippen Bulletproof-Coffee-Variante bekommst du zusätzlich gesunde Fette und ordentlich Energie, ohne deinen Körper und die Verdauung zu belasten.

ZUTATEN
FÜR 1 TASSE

1 Tasse gekochter Kaffee
1 EL natives Bio-Kokosöl
1 TL Stevia-Streusüße
½ TL gemahlene Vanille

1. Gib alle Zutaten für 15 Sekunden in einen Mixer, bis alles schön schaumig ist. Dann kannst du diesen gesunden Energie-Booster sofort genießen.

KCAL	133	FETT	14 g
KH	2 g	Z	0 g
PROT	0 g	BS	1 g

Nährwerte je Tasse

31 SCHNELLE-WELLE-POST-WORKOUT-SHAKE

FLYING UWE | POST-WORKOUT

Die Mahlzeit nach dem Training ist für Sportler eine der wichtigsten des Tages. Meistens muss dann ein schneller Proteinshake oder -riegel als Belohnung her. Wir haben hier zwei noch nahrhaftere Varianten für dich. Diese Shakes füllen nämlich auch deine Kohlenhydratspeicher wieder auf.

ZUTATEN
FÜR 1 PORTION

1 Banane
5 EL Haferflocken
30 g Proteinpulver
300 ml Hafermilch

KCAL	528	FETT	10 g
KH	76 g	Z	30 g
PROT	34 g	BS	9 g

Nährwerte je Portion

1. Alles zusammen in den Mixer geben und durchmixen – fertig. Je nach Geschmack mit weiterem Wasser oder Haferflocken nachfüllen und mixen, bis die von dir gewünschte Konsistenz erreicht ist.

2. Entweder direkt genießen oder im Kühlschrank aufbewahren und mit ins Gym nehmen.

TIPP

Für den Geschmack und deinen persönlichen Wünschen entsprechend, kannst du Zimt hinzugeben und die Hafermilch gegen Wasser, Kuh-, Soja- oder Mandelmilch austauschen.

32 MANDEL-PROTEIN-SHAKE

ZUTATEN
FÜR 1 PORTION

1 Banane
5 EL Haferflocken
240 ml Mandelmilch
10 Mandeln
2 EL Agavendicksaft
1 TL Zimtpulver
30 g Proteinpulver

1. Die Banane für einige Stunden in den Tiefkühler legen.

Nährwerte je Portion

KCAL	630	FETT	14 g
KH	90 g	Z	46 g
PROT	35 g	BS	10 g

2. Die gefrorene Banane schälen, alles zusammen in den Mixer geben und durchmixen. Fertig. Je nach Geschmack mit Wasser oder Haferflocken nachfüllen und mixen, bis die von dir gewünschte Konsistenz erreicht ist.

3. Entweder direkt genießen oder im Kühlschrank aufbewahren und mit ins Gym nehmen.

33 QUINOA-BANANEN-CREME

FLYING UWE | ZWISCHENMAHLZEIT

Quinoa sollte auf keinen Fall in deiner Muskelaufbau-Küche fehlen, das Korn ist für seinen hohen Proteingehalt bekannt. Aber man kann aus ihm nicht nur einen hervorragenden Frühstücksbrei kochen, sondern auch super Desserts zubereiten. Durch die zerdrückten Bananen und das Schlagen der Masse bekommt dieses Dessert eine puddingartige und sehr cremige Konsistenz. Ein Genuss!

ZUTATEN
FÜR 2 PORTIONEN

100 g Quinoa
200 ml fettarme Milch
2 EL flüssiger Honig
2 EL Saft
2 Msp. abgeriebene Schale von 1 Bio-Zitrone
2 Bananen
1/2 TL Zimtpulver

1. Quinoa zusammen mit der Milch in einem Topf erhitzen und ca. 15 Minuten köcheln lassen. Dann den Honig unterrühren.

2. Sobald die Creme dick wird, Zitronensaft und abgeriebenen Zitronenschale einrühren. Den Topf vom Herd nehmen und die Masse cremig schlagen.

3. Die Bananen schälen, zerdrücken, unterrühren und alles mit dem Zimt bestreuen.

Nährwerte je Portion

KCAL	FETT	KH	Z	PROT	BS
396	5 g	78 g	35 g	11 g	7 g

34 BANANENBROT

FLYING UWE | SNACK

Natürlich wollen wir dir unsere Bananenbrotversion nicht vorenthalten. Dieses Bananenbrot enthält fast kein Fett, da es ohne Butter gebacken wird. Stattdessen sorgt Apfelmus für eine cremige Konsistenz. Am Vorabend gebackenes Bananenbrot funktioniert super als schnelles Frühstück und du kannst es gut in die Schule oder zur Arbeit mitnehmen.

ZUTATEN
FÜR 1 BROT

3 Bananen
100 g Walnüsse
220 g Vollkorn-Weizenmehl
1 Ei
100 g Apfelmus
5 EL Stevia-Streusüße bzw. Zucker
1 TL Backpulver
½ TL geriebene Muskatnuss
½ TL Zimtpulver
Salz
evtl. Fett für die Form

1. Den Backofen auf 180 °C Ober- und Unterhitze (160 °C Umluft) vorheizen.

2. Die Bananen schälen, mit einer Gabel zerdrücken und die Walnüsse grob mit den Händen zerkleinern.

3. In einer großen Schüssel Mehl, Ei, Apfelmus, Stevia bzw. Zucker und das Backpulver gut vermischen. Dann Bananen, Nüsse, Muskat, Zimt und eine Prise Salz hinzufügen. Den Teig solange rühren, bis alles vermischt ist.

4. Den Teig in eine gefettete oder mit Backpapier ausgelegte Kastenform füllen.

5. Das Brot im vorgeheizten Backofen ca. 50 Minuten backen. Das Bananenbrot ist fertig, wenn man mit einem Zahnstocher in die Mitte des Brotes sticht und dabei kein Teig am Zahnstocher kleben bleibt.

6. Das Brot abkühlen lassen und lauwarm oder kalt genießen.

TIPP
GESUNDES TOPPING

Verrühre 250 g Magerquark mit dem Saft von ½ Zitrone und Süßungsmittel nach Belieben. Dann erhitze 1 EL Kokosöl, lass es etwas abkühlen und mix es unter den Magerquark. Du kannst diese Quarkmischung als Schlagsahneersatz zum Bananenbrot servieren.

Nährwerte je Brot

KCAL	FETT	KH	Z	PROT	BS
1959	83 g	247 g	64 g	50 g	40 g

FLAVIO SIMONETTI

„WER KEINE ZIELE HAT, WIRD IMMER NACH AUSREDEN SUCHEN."

―――

HALLO, MEIN FREUND, FLAVIO SIMONETTI HIER.

Das bin ich, Flavio Simonetti: Zweifacher Familienvater, Unternehmer, lizensierter Trainer und leidenschaftlicher Hobbykoch. Mein Ziel ist es, Menschen – im Kern Männern – zur Entwicklung einer stärkeren Persönlichkeit zu verhelfen. Dabei bin ich von einem zutiefst überzeugt: Der Weg dorthin führt über die physische Auseinandersetzung mit sich selbst. Denn nur wer sich selber kennt, liebt und quälen kann, wird an den Punkt kommen, an dem er selbstbewusst und nach seinen ganz eigenen Kriterien auf sein Leben schauen kann. Das ist die Ausgangssituation für ein gesundes, erfülltes Leben.

MEIN WEG ZUM FITNESSTRAINING

Wer mich fragt, wie ich zum Fitnesstraining gekommen bin, bekommt von mir immer DIE Klischee-Geschichte zu hören, aber so war es nun mal tatsächlich. Viele können sich da sicherlich ganz gut in mich hineinversetzen.

Alles fing im Alter von 13 Jahren an, als ich in ein wunderbares Mädchen verliebt war. Zu der Zeit wog ich bei 1,77 Meter 56 Kilo. Ich dachte: Wenn ich mich schon nicht traue, dieses tolle Mädchen anzusprechen, dann sollte ich doch wenigstens etwas an meinem Erscheinungsbild ändern. Vielleicht überzeugt mein Aussehen die Angebetete ja dann, mich anzusprechen. Mit so einer Statur wie ich sie hatte, so fand ich damals, macht man jedenfalls nicht gerade einen selbstsicheren Eindruck. Ja, klar, es gibt auch noch die

„GUTES ESSEN GEHÖRT ZU MEINER DNA, GENAU WIE DIE SPALTE IN **MEINEM BIZEPS.**"

vielgepriesenen „inneren Werte", die einen Menschen ausmachen. Aber wer nicht mit sich und seinem Körper zufrieden ist, mag noch so hervorragende innere Werte haben – die Lieblingsdame, der Lieblingsherr – nein, wohl jeder Mensch in der unmittelbaren Umwelt, der nicht gerade bester Freund oder Geschwister ist, wird diese Qualitäten nicht auf den ersten Blick erkennen können. Es ist eine Frage der Selbstzufriedenheit.

Ausstrahlung und das Bewusstsein für den eigenen Körper waren mir seitdem sehr wichtig. Inzwischen wiege ich, jahreszeitenabhängig und bei gleicher Körpergröße, zwischen 20 und 30 Kilo mehr. Ich bin also ein echter Brummer geworden. Da meine Trainingsanfänge nun auch gute 20 Jahre zurückliegen, war der Weg zu meinem heutigen Körper deutlich schwieriger als heute. So trainierte ich anfangs mit einfachen Kurzhanteln und Körpergewichtsübungen zu Hause. Ich hatte null Ahnung, wie man effektiv trainiert, und gab mein Taschengeld für Fitnesszeitschriften aus. Damals gab es noch keine kostenlosen und leicht zugänglichen Formate wie YouTube-Videos, die jungen Leuten zumindest erste Anhaltspunkte für ein erfolgreiches Fitness-Training liefern. Das Einzige, was ich sah, waren die mit Steroiden vollgepumpten Körper der Profi-Bodybuilder. Die gebräunten Muskelberge vergesse ich nicht mehr. Einem Hänfling wie mir imponierten die tonnenschweren Hanteln zwar, aber helfen konnten mir die damaligen Vorbilder leider nicht.

Das war tatsächlich einer der Gründe, die mich elf Jahre später dazu bewegten, eigene Trainingsvideos auf der damals noch sehr, sehr jungen Videoplattform hochzuladen. Meine Motivation war es, anderen Kraftsportlern dabei zu helfen, nicht dieselben Fehler zu machen wie ich.

Aber zurück zu den Anfängen: Mit 13 trainierte ich zwar hart und entschlossen, aber meine Muskeln wollten einfach nicht wachsen. Ich passte weder meine Ernährung an, noch ging ich nach einem strukturierten Trainingsplan vor. Ich konzentrierte mich zu dieser Zeit nur auf das einseitige Training. Meine Muskeln wurden zwar härter, wuchsen aber nicht wirklich – und definierter wurde ich erst recht nicht. So vergingen Jahre über Jahre ohne sichtbare Veränderungen.

Ich kann heute gar mehr nicht sagen, was mich trotz allem so lange bei der Stange hielt. Waren es Fernsehserien wie das A-Team oder Bilder von Arnold Schwarzenegger? Keine Ahnung, irgendwas hat mich damals angefixt. Vielleicht war es auch der beißende Geruch der Sprühdeos in der Umkleidekabine, das gute Gefühl, wenn man die Eisenringe auf die Hebestange schiebt oder die klebrigen Gummibezüge der Hantelbänke. Am Ende war es wahrscheinlich der Wille nach einem starken Körper, der mich bis heute noch antreibt. Deutliche Erfolge hatte ich jedenfalls erst mit Anfang 20. Damals lernte ich einen Trainer kennen, der mir das Einmaleins des Muskelaufbaus richtig erklärte.

> **FLAVIO,**
>
> **WAS HAT DIR DEINE YOUTUBE-KARRIERE ERMÖGLICHT?**
>
> YouTube hat mir die Freiheit gegeben, mit meinem Leben das zu machen, was mich begeistert und für was ich stehe.

WIE ICH DIE ERNÄHRUNG FÜR MICH ENTDECKTE

Dieser Trainer öffnete mir damals die Augen. Er führte mich in die Biologie und Physik des menschlichen Körpers und in die Trainingsmethodik erfolgreicher Bodybuilder ein. Aber vor allem zeigte er mir, warum die Ernährung so eine große Rolle spielt, wenn man gut aussehen möchte, und welche Nährstoffe der Körper braucht, um sauber Muskelmasse aufzubauen. Als ich mit dem Training anfing, dachte ich, ich würde genug essen. Dann aber sah ich das erste Mal einen „richtigen" Nudelteller vor mir und es wurde mir fast schlecht. Wie konnte man nur so viel essen! Diese eine Portion entsprach meinem damaligen Gesamt-Tagesbedarf an Kalorien. Um so viel zu essen, braucht man Disziplin, auch das musste ich erst am eigenen Körper erfahren.

Mit den Jahren hat sich mein Wissen in Sachen Training und Ernährung durch eine Ausbildung als Biologielaborant, eine Trainerlizenz und die stetige Fortbildung immer weiter vertieft. Gerade die Trainerlizenz hat sich für mich als essentieller Bestandteil auf meinem Weg zum Natural Bodybuilding und für den Erfolg meiner Unternehmungen im Bereich Fitness herausgestellt.

Die Ausbildung zum zertifizierten Trainer absolvierte ich an der BSA-Akademie. Über einen selbstgesteckten Zeitraum lernt man dort alles, um Fitness- und Ernährungswissen weitergeben zu können. Mir war es wichtig, eine Prüfung als Trainer abzulegen, um auch beim Personal Training fundiertes Wissen nachweislich anbieten zu können.

Aber auch nach dem Erlangen der Trainerlizenz gab es immer noch diese eine Sache, die mir beim Fitnesstraining und an dem gesamten Fitness-Lebensstil überhaupt nicht gefiel: Die einseitige Ernährung, vor allem diese eine, immer wiederkehrende Mahlzeit: Pute mit Reis und Brokkoli! Hallo, ich habe italienische Wurzeln! In meiner Familie kommt die Esskultur schon fast einer Religion gleich. Heute noch fragt mich mein Vater, ein gebürtiger Süditaliener, selbst nach einem kurzen Smalltalk immer, was ich gegessen habe. Und wenn er mit meiner Antwort nicht zufrieden ist, dann gibt es mal wieder eine kleine Einführung in die italienische Esskultur. Essen gehört zu meiner DNA, genauso wie die Spalte in meinem Bizeps.

WAS DIE ERNÄHRUNG FÜR MICH AUSMACHT

Deswegen bin ich auch leidenschaftlicher Hobbykoch. Aber die Herausforderung besteht nicht nur darin, lecker, sondern auch fitnesskonform zu kochen. Denn schließlich will ich ja meine Figur verbessern und nicht nur meinem Gaumen befriedigen. Also versuche ich, große Mengen an Kohlenhydraten, zum Beispiel aus Reis, Kartoffeln, Nudeln oder Brot, nicht mit viel Fett zu kombinieren. Denn darunter leidet der durchtrainierte Körper.

Die Quintessenz aus meiner Trainingserfahrung: Ohne die richtige Ernährung kannst du trainieren wie ein Verrückter, es wird sich einfach nichts ändern. Und du brauchst Disziplin, um immer wieder den inneren Schweinehund zu überwinden, auch wenn es mal nicht so gut klappt. Das ist eine Leistung, die du mit Deinem Kopf erbringen musst.

Körper und Geist in Einklang zu bringen, ist ein Ziel, dem du dich mit einer bewussten Lebensweise verschreiben kannst und ein Gewinn, der dich weit über einen dicken Bizeps hinaus stärkt. Wo du deinen Einstieg wählst, bleibt dir überlassen. Sei es die Disziplin am Arbeitsplatz oder, wie bei mir, die Disziplin im Training und bei der Ernährung. Von dort haben sich bei mir alle Bereiche dann nach und nach auf das Bewusstsein für ein ganzheitliches Leben ausgerichtet. Das Ziel ist der Anfang. Wer keine Ziele hat, wird immer nach Ausreden suchen.

Sieh die Rezepte in diesem Buch also nicht einfach nur als Ansammlung toller Anregungen, sondern als Grundlage für eine durchtrainierte athletische Figur. Vielleicht ist es Dein Anfang zu einer bewussten Ernährung und zu klareren Trainingszielen. Beschäftige dich mit deinem Essen und du wirst schneller Muskeln aufbauen oder Fett verbrennen als jemals zuvor. Ja, es ist so einfach. Glaub mir.

DEIN FLAVIO

TAGESABLAUF

Trotz meiner unternehmerischen Tätigkeit schaffe ich es, einem relativ geregelten Tagesablauf zu folgen. Für mich ist es wichtig, dass ich mein eigenes Büro habe und feste Zeiten für meine Familie und Routinen planen kann.

7:15	8:30	9:30	13:00
AUFWACHEN	**ZEIT FÜR DIE KIDS**	**BÜRO**	**MITTAGSPAUSE**

ZWISCHEN-MAHLZEIT

Zum Frühstück gibt es bei mir ganz einfach Skyr mit Haferflocken.

HAUPTGERICHT

Zum Mittag esse ich, wie viele Sportler, Reis oder Salat mit Fleisch oder Fisch.

| 13:30 | 18:00 | 20:00 | 00:00 |

BÜRO/ VIDEO-DREH | **FITNESS- TRAINING** | **FAMILIE** | **SCHLAFEN**

POST-WORKOUT

Nach dem Training, damit die Muskeln direkt ihr Futter bekommen, esse ich circa 50 g Gummibärchen und EAA-Kapseln oder Eiweißpulver als Shake.

HAUPTGERICHT

Abends essen wir nochmal warm, zum Beispiel Reis, Kartoffeln oder Nudeln mit Lachs und gemischtem Gemüse.

35 CAESAR-MANGO-SALAT

FLAVIO SIMONETTI | HAUPTGERICHT

Der italo-amerikanische Salat-Klassiker bekommt bei uns einen orientalisch-frischen Anstrich mit Mangos, Mandeln, Weintrauben und einem Balsamico-Dressing. Zusammen mit einem gut gewürzten Hähnchenfilet, ist aus der Vorspeise ein solides, leichtes Hauptgericht geworden.

ZUTATEN
FÜR 1 PORTION

30 g Mandelsplitter
150 g Hähnchenbrustfilet
1 TL Paprikapulver
1 TL Rosmarin
Salz und Pfeffer
1 TL Öl
½ Mango
10 kernlose Weintrauben
1/2 Kopf Blattsalat
20 g gehobelter Parmesan

DRESSING

2 EL Balsamico-Creme
1 EL Olivenöl
1 TL flüssiger Honig
Salz und Pfeffer

1. Die Mandelsplitter in einer Pfanne ohne Fett von allen Seiten anrösten, bis sie goldbraun sind. Beiseite stellen.

2. Das Hähnchenbrustfilet waschen, in Streifen schneiden und von allen Seiten mit Paprikapulver, Rosmarin, Salz und Pfeffer würzen. Dann in dem Öl in einer Pfanne rundherum anbraten.

3. Währenddessen die halbe Mango schälen und in feine Streifen schneiden. Die Weintrauben waschen und halbieren.

4. Für das Dressing Balsamico-Creme, Olivenöl und Honig verrühren. Mit Salz und Pfeffer abschmecken.

5. Den Blattsalat waschen, trocken schütteln und mit dem Dressing verrühren. Den Salat mit Hähnchen, Mango und Trauben auf einem Teller oder in einer Schüssel anrichten.

6. Abgerundet wird der Salat mit frisch gehobeltem Parmesan und den gerösteten Mandelsplittern.

Nährwerte je Portion

KCAL	FETT	KH	Z	PROT	BS
822	44 g	49 g	45 g	52 g	11 g

36 ZUCCHINIPUFFER

FLAVIO SIMONETTI | HAUPTGERICHT

Diese schön würzigen Zucchinipuffer sind eine gute und kalorienarme Alternative zum klassischen Reibekuchen aus Kartoffeln. Zucchini enthalten viele Ballaststoffe, sorgen also dafür, dass du dich länger satt fühlst. Die Puffer sind schnell gebraten und schmecken warm und kalt zum Beispiel mit einem Dip aus körnigem Frischkäse oder auch süß mit Apfelmus.

ZUTATEN
FÜR 4 PUFFER

- 2 Zucchini
- 1 Zwiebel
- ½ Knoblauchzehe
- 2 EL Haferflocken
- 6 EL Vollkorn-Weizenmehl
- 2 TL Backpulver
- 2 Eier
- Salz und Pfeffer
- 1 TL Öl zum Braten

1. Die Zucchini waschen und raspeln. Die Zwiebel schälen und in kleine Würfel schneiden. Den Knoblauch schälen und durch die Knoblauchpresse drücken.

2. Alles mit Haferflocken, Mehl, Backpulver, Eiern und Gewürzen zu einem Teig vermengen und die Zutaten kurz durchziehen lassen.

3. Das Öl in einer Pfanne erhitzen und kleine Puffer von beiden Seiten darin ausbacken.

TIPP

Apfelmus kannst du dir ganz einfach selber machen. Dazu 1,5 kg Äpfel schälen, Kerngehäuse entfernen, die Äpfel grob schneiden und zusammen mit 300 ml Wasser, 2 EL Zitronensaft, 4 EL Zucker und 'ner ordentlichen Prise Zimt weich kochen. Anschließend pürieren.

Nährwerte je Puffer

KCAL	FETT	KH	Z	PROT	BS
154	6 g	16 g	3 g	8 g	3 g

37 HERZHAFTES FRENCH-VOLLKORNTOAST

FLAVIO SIMONETTI | ZWISCHENMAHLZEIT

French Toast ist ein einfaches Frühstücksrezept, das auch älteres Brot wieder genießbar macht – hierzulande wird es deswegen auch Armer oder Rostiger Ritter genannt. Wir haben aus dem süßen Basisrezept kurzerhand ein herzhaftes Sportlerfrühstück mit Vollkorntoast und ordentlich Eiweiß aus Eiern und körnigem Frischkäse gemacht.

ZUTATEN
FÜR 4 BROTSCHEIBEN

2 Eier
100 ml fettarme Milch
Salz
4 Scheiben Vollkorntoastbrot
1 TL Öl zum Braten
1 Becher körniger Frischkäse
1 Bund Schnittlauch

1. Die Eier mit der Milch und dem Salz verquirlen.

2. Die Brotscheiben in die Milch-Ei-Masse tauchen, sodass sie sich vollsaugen. Überschüssige Masse abtropfen lassen.

3. Etwas Öl in einer Pfanne bei mittlerer Hitze erhitzen und die Brote 2 Minuten von jeder Seite goldbraun braten.

4. Die Brote mit körnigem Frischkäse und in Röllchen geschnittenem Schnittlauch servieren.

VARIATION

Wenn du es süß magst, tauschst du das Salz und den Schnittlauch gegen 1 TL flüssigen Honig und ½ TL Zimtpulver aus. Honig und Zimt werden mit der Milch und dem Eiweiß gut verrührt. Dann verfährst du weiter wie im Rezept angegeben. Den körnigen Frischkäse verfeinerst du ebenso mit 1 TL Honig.

Nährwerte je Brotscheibe

KCAL	FETT	KH	Z	PROT	BS
226	8 g	22 g	4 g	14 g	4 g

38 VEGANE CARBONARA

FLAVIO SIMONETTI | HAUPTGERICHT

Die eigentlich sahnige Pastasauce ist ebenso beliebt, wie sie untauglich für die Fitnessküche ist. Aber aufgepasst: Carbonara schmeckt auch ohne Speck und mit Mandelmus statt Ei. Wer das nicht glaubt, sollte es mal ausprobieren. Den entscheidenden Unterschied macht der sehr aromatische Räuchertofu.

ZUTATEN FÜR 1 PORTION

100 g Vollkornnudeln
Salz
2 EL weißes Mandelmus
½ Zwiebel
80 g Räuchertofu
1 EL Olivenöl
Pfeffer

1. Die Nudeln nach Packungsanleitung in Salzwasser kochen.

2. In der Zwischenzeit das Mandelmus mit 100 ml warmem Wasser in einer Schüssel verrühren.

3. Die Zwiebel schälen und ebenso wie den Räuchertofu in kleine Würfel schneiden. Beides in einem Topf in dem Olivenöl anbraten.

4. Das angerührte Mandelmus in den Topf geben, mit Salz und Pfeffer würzen und leicht köcheln lassen.

5. Die gegarten Nudeln in den Topf geben, umrühren und auf einem Teller servieren.

VARIATION
ABNEHMEN

Wer auf die Vollkornnudeln verzichten möchte, kann sich auch selbst „Bandnudeln" aus einer Zucchini schälen (Rezept auf Seite 138) und sich die Kohlenhydrate sparen.

Nährwerte je Portion

KCAL	FETT	KH	Z	PROT	BS
817	42 g	69 g	8 g	33 g	13 g

39 PIZZA MIRACOLO – MIT BLUMENKOHLBODEN

FLAVIO SIMONETTI | HAUPTGERICHT

Selbstgemachte Pizza ist das perfekte Rezept für Mitbring-Buffets, aber auch für den gemütlichen Wochenendabend mit ein paar Freunden. Flavios Pizza Miracolo mit einem Boden aus Blumenkohl-Käse-Teig macht auch die Low-Carb-Freunde glücklich. Probiere mit dem Belag ruhig ein bisschen herum, da sind deiner Phantasie wirklich keine Grenzen gesetzt.

ZUTATEN
FÜR 1 PIZZA

- 1 Blumenkohl
- 2 Eier
- 150 g geriebener Light-Käse
- 1 TL Pizzagewürz oder Oregano
- Salz und Pfeffer

BELAG

- ½ Zucchini
- 100 g Tomatenmark
- 50 g scharfe Salami in Scheiben
- 50 g geriebener Light-Käse

1. Ein Backblech mit Backpapier auslegen und den Ofen auf 200 °C Ober- und Unterhitze (180 °C Umluft) vorheizen.

2. Den Strunk des Blumenkohls entfernen, den restlichen Blumenkohl waschen, in grobe Stücke schneiden und mit einem Mixer zu einer feinkrümeligen Masse zerkleinern.

3. Den Blumenkohl in einer Schüssel mit Eiern, Käse, Pizzagewürz oder Oregano, Salz und Pfeffer zu einem gleichmäßigen Teig vermengen.

4. Die Teigmasse auf dem Blech verteilen und festdrücken. Der Teig darf nicht zu dick sein, da er sonst nicht gar wird.

5. Den Pizzaboden ca. 20 Minuten backen. Vorsichtig mit dem Finger testen, ob der Boden gar ist. Er sollte fest, aber nicht zu hart und leicht gebräunt sein.

6. Inzwischen Zucchini waschen, halbieren und mit dem Sparschäler in sehr feine Streifen schneiden.

7. Den Pizzaboden mit dem Tomatenmark bestreichen und mit Zucchinistreifen, Salami und dem Käse belegen. Ca. 10 Minuten weiterbacken, bis der Belag gar ist.

VARIATION
ABNEHMEN UND VEGETARISCH

Wer auch beim Fett sparen möchte, nimmt fettarmen Schinken statt Salami. Für Vegetarier gibt es einfache Alternativen zur Salami, zum Beispiel getrocknete Tomaten oder Artischockenherzen.

Nährwerte je Pizza

KCAL	FETT	KH	Z	PROT	BS
1247	63 g	45 g	21 g	113 g	26 g

40 HACKFLEISCH-BANANEN-PFANNE

FLAVIO SIMONETTI | HAUPTGERICHT

Wer die afrikanische Küche kennt, weiß, dass dort auch mit weniger süßen Bananensorten gekocht und gebacken wird. Afrikanische Kochbananen brauchst du für dieses Rezept trotzdem nicht, es reichen ganz normale Bananen aus dem Supermarkt. Wer fruchtige Currys mag, sollte dieses Gericht mal probieren.

ZUTATEN
FÜR 1 PORTION

1 Kochbeutel bzw. 125 g Naturreis
Salz
1 Zwiebel
1 TL Kokosöl
150 g Rinderhackfleisch
250 ml Rinderbrühe
1 Banane
2 EL Tomatenmark
2 TL Currypulver
½ TL geriebene Muskatnuss
Pfeffer

1. Den Reis nach Packungsanleitung in Salzwasser kochen.

2. In der Zwischenzeit die Zwiebel schälen und fein würfeln. Das Kokosöl in einer Pfanne erhitzen und die Zwiebel darin glasig schwitzen. Dann das Hackfleisch hinzugeben und unter Rühren durchbraten.

3. 250 ml Rinderbrühe vorbereiten oder Rinderfond aus dem Glas verwenden.

4. Die Banane schälen und in Scheiben schneiden. Zusammen mit dem Tomatenmark, der Brühe und dem Reis zum Hackfleisch geben.

5. Alles gut vermischen, durcherhitzen und mit den Gewürzen kräftig abschmecken.

VARIATION
ABNEHMEN

Eine kalorienärmere Variation erhältst du, wenn du den Reis durch Quinoa, oder – noch besser – durch Kidneybohnen ersetzt.

Nährwerte je Portion

KCAL	FETT	KH	Z	PROT	BS
1036	40 g	138 g	27 g	43 g	9 g

41 PITA MIT COUSCOUS UND HÄHNCHENSPITZEN

FLAVIO SIMONETTI | HAUPTGERICHT

Wahrscheinlich hat dieses Rezept eine der längsten Zutatenlisten. Aber keine Angst, viele der aufgeführten Zutaten solltest du ohnehin zu Hause haben und letztendlich lassen sich vor allem die frischen Zutaten wie Salat, Salatgurken oder Tomaten einfach durch das Gemüse ersetzen, das du gerade da hast.

ZUTATEN
FÜR 2 PORTIONEN

300 g Hähnchenbrustfilet
1 TL Olivenöl
1 TL indische Garam Masala Gewürzmischung
Salz und Pfeffer
25 g geschälte Pistazienkerne
1 TL Thymian
1 EL flüssiger Honig
2 Pita-Brote

COUSCOUS

¼ Bund frische Minze
1 Chilischote
150 g Couscous

SALAT

½ Kopf Blattsalat
1 rote Zwiebel
½ Salatgurke
6 Kirschtomaten
10 schwarze Oliven
50 g Feta
5 EL Joghurt
2 EL Zitronensaft

1. Das Fleisch in einer Schüssel mit Olivenöl, Garam Masala, Salz und Pfeffer ordentlich vermischen. Dann in einer Pfanne ohne weitere Fettzugabe braten.

2. Die Pistazien zerstoßen oder fein hacken und zusammen mit Thymian und Honig über das durchgebratene Fleisch geben. Einen Moment erhitzen, dann die Pfanne vom Herd nehmen.

3. Den Großteil der Minzeblättchen abzupfen, die Chilischote waschen, putzen und fein hacken. Minze und Chili in einer Schüssel mit dem Couscous und einer Prise Salz vermischen.

4. 200 ml kochendes Wasser in die Schüssel mit dem Couscous gießen und 3–5 Minuten abgedeckt quellen lassen.

5. Den Salat waschen, trocken schütteln und in einer Schüssel anrichten.

6. Zwiebel und Gurke schälen, fein würfeln und zum Salat geben. Die Tomaten waschen und vierteln, die Oliven klein schneiden und beides über dem Salat verteilen. Dann den Feta darüberbröckeln.

7. Den Joghurt mit dem Zitronensaft verrühren. Die übrigen Minzeblättchen fein hacken und den Joghurt damit abschmecken.

8. Alles zusammen in den Pita-Broten anrichten.

VARIATION
ABNEHMEN

Wer es kalorien- und kohlenhydratärmer mag, lässt einfach das Pita-Brot weg und richtet alles auf einem Teller an.

Nährwerte je Portion

KCAL	FETT	KH	Z	PROT	BS
899	18 g	114 g	20 g	63 g	11 g

42 CHILI SIN CARNE

FLAVIO SIMONETTI | HAUPTGERICHT

Chili sin Carne, Chili ohne Fleisch – und hier sogar ganz ohne Produkte tierischen Ursprungs, demnach also vegan. Das Gericht stammt aus dem Süden Amerikas und ist eine gute Alternative zu Spaghetti Bolognese. Am besten passt hier Reis als Beilage und ein frischer Salat aus deinen Lieblingszutaten.

ZUTATEN FÜR 1 PORTION

- 100 g Quinoa
- Salz
- ½ Zucchini
- 1 rote Paprikaschote
- 1 Chili
- 1 Zwiebel
- 1 Knoblauchzehe
- 1 EL Öl
- 130 g Kidneybohnen
- 200 g passierte Tomaten
- 1 TL Paprikapulver
- Pfeffer
- 70 g Mais

1. Quinoa nach Packungsanweisung in Salzwasser kochen.

2. Zucchini, Paprika und Chili waschen. Paprika und Chili von den Samen befreien und in kleine Stücke schneiden. Zucchini ebenfalls in kleine Stücke schneiden.

3. Zwiebel und Knoblauch schälen, fein würfeln und in einem Topf im Öl glasig schwitzen.

4. Die Zucchini, Paprika und Chili zugeben und kurz anbraten. Kidneybohnen in einem Sieb abgießen und zusammen mit den passierten Tomaten unterrühren.

5. Mit Paprikapulver, Salz und Pfeffer kräftig abschmecken. Ca. 25 Minuten köcheln lassen. 5 Minuten vor Ende der Garzeit den Mais in einem Sieb abgießen und zusammen mit der gekochten Quinoa unterrühren.

Nährwerte je Portion

KCAL	FETT	KH	Z	PROT	BS
851	24 g	112 g	32 g	33 g	30 g

43 LACHS UND SÜSSKARTOFFEL-POMMES

FLAVIO SIMONETTI | HAUPTGERICHT

Die Süßkartoffel ist nicht nur dank ihres süßlichen Geschmacks so beliebt, auch der im Vergleich zur Kartoffel höhere Gehalt an Ballast- und Mikronährstoffen wie Vitamin C und E spricht für die rötliche Knolle. Wie hier zu Pommes verarbeitet, passt die Süßkartoffel super zu herzhaften Salaten und Fisch oder Fleisch.

ZUTATEN FÜR 2 PORTIONEN

- 2 Lachsfilets (frisch oder TK)
- 2 Süßkartoffeln
- 1 EL Öl
- Zitronensaft
- Meersalz

KCAL	515	FETT	17 g
KH	60 g	Z	12 g
PROT	31 g	BS	9 g

Nährwerte je Portion

1. Wenn du Lachsfilets aus dem Tiefkühlregal verwendest, dann lege sie zum Auftauen in warmes Wasser, bis sie zum Einsatz kommen.

2. Den Backofen auf 200 °C Ober- und Unterhitze (180 °C Umluft) vorheizen.

3. Die Süßkartoffeln gründlich waschen und in längliche Spalten schneiden. Auf einem mit Backpapier ausgelegten Blech verteilen.

4. Die Spalten ca. 40 Minuten backen. Die Pommes sind fertig, wenn sie an den Rändern dunkelbraun werden. Jetzt könntest du den Rote-Bete-Salat vorbereiten.

5. 10 Minuten bevor die Pommes fertig sind (also ca. 30 Minuten nachdem du sie in den Ofen geschoben hast), den Fisch in einer heißen Pfanne in dem Öl von beiden Seiten gut anbraten.

6. Alles auf einem Teller anrichten und den Fisch mit etwas Zitronensaft und Meersalz würzen.

44 ROTE-BETE-SALAT

FLAVIO SIMONETTI | ZWISCHENMAHLZEIT

ZUTATEN FÜR 2 PORTIONEN

- 200 g Rote Bete
- 1 Apfel
- 5 Walnusskerne
- 2 EL Balsamico-Creme
- 1 EL Olivenöl
- 1 TL flüssiger Honig
- Salz und Pfeffer

1. Die Rote Bete schälen, den Apfel waschen, vierteln und das Kerngehäuse entfernen. Rote Bete und Apfel in grobe Stifte schneiden. Die Walnüsse hacken und alles zusammen in eine Schüssel geben.

2. Balsamico-Creme, Olivenöl, Honig, Salz und Pfeffer zu einer Salatsauce vermischen und über den Salat geben.

Nährwerte je Portion

KCAL	323	FETT	21 g	KH	26 g	Z	21 g	PROT	5 g	BS	5 g

45 NUDELAUFLAUF MIT PUTE

FLAVIO SIMONETTI | HAUPTGERICHT

Aufläufe sind immer gut, denn steht die Form erst mal im Ofen, bist du schon so gut wie fertig mit Kochen – und du kannst auf diese Weise entspannt Reste verwerten. Champignons und Petersilie kannst du nach Geschmack hinzugeben, sie haben so gut wie keine Auswirkungen auf die Gesamtkalorien. Mindestens 75 Gramm Champignons solltest du dann aber nehmen, denn Pilze sind ein wichtiger Kaliumlieferant.

ZUTATEN
FÜR 4 PORTIONEN

500 g Vollkornnudeln
Salz
400 g Putenbrust
1 TL Öl zum Braten
1 TL Paprikapulver
Pfeffer
200 g Möhren
200 g Champignons
140 g Erbsen
200 g geriebener Light-Käse
2 EL TK-Petersilie
1 Becher Crème fraîche light

1. Die Vollkornnudeln deiner Wahl nach Packungsanweisung in Salzwasser kochen.

2. Den Backofen auf 200 °C Ober- und Unterhitze (180 °C Umluft) vorheizen.

3. Die Putenbrust waschen, in Stücke schneiden und in einer Pfanne in dem Öl von allen Seiten anbraten. Mit Paprikapulver, Salz und Pfeffer würzen.

4. In der Zwischenzeit die Möhren schälen und würfeln. Ca. 3 Minuten mit dem Fleisch mitbraten.

5. Die Champignons waschen, in Scheiben schneiden und zusammen mit abgetropften Erbsen, Käse, Petersilie und der Crème fraîche in eine Schüssel geben und verrühren.

6. Alle Zutaten in eine Auflaufform geben und mit Salz und Pfeffer abschmecken. Nach Belieben noch etwas Käse darüber streuen.

7. Ca. 45 Minuten im Ofen backen.

VARIATION
ABNEHMEN

Probiere den Auflauf auch gerne mal mit Konjaknudeln. Man bekommt sie übers Internet. Konjaknudeln werden aus der Knolle einer asiatischen Pflanze hergestellt und enthalten auf 100 Gramm nur acht Kilokalorien, haben aber so gut wie keinen Eigengeschmack. In den USA sind die Nudeln bei Anhängern von Low-Carb-Diäten der Renner. Vor dem Kochen solltest du die Nudeln gut abspülen.

Nährwerte je Portion

KCAL	FETT	KH	Z	PROT	BS
840	23 g	93 g	11 g	60 g	14 g

FLAVIO SIMONETTI | POST-WORKOUT

46 TO-GO-PROTEIN-MINI-PIZZEN

Das „To-Go" steht hier nicht zum Spaß: Dieses Gericht genießt du nämlich am besten kalt. Heiß sind die Mini-Pizzen zu weich und erst nach ein bisschen Ruhezeit entfalten sie ihren vollen Geschmack. Sie bieten sich dank hohen Protein- und niedrigen Fettgehalts super für den kleinen Snack nach dem Training an.

ZUTATEN
FÜR 8 MINI-PIZZEN

- 5 EL Haferflocken
- 1 TL Backpulver
- 10 Kirschtomaten
- 2 Becher körniger Frischkäse
- 2 Eier
- 4 EL Tomatenmark
- 80 g Light-Schinkenwürfel
- 2 TL Pizzagewürz
- Salz und Pfeffer
- 80 g Harzer Käse

1. Den Ofen auf 220 °C Ober- und Unterhitze (200 °C Umluft) vorheizen.

2. Die Haferflocken im Mixer ganz fein mixen und in einer Schüssel mit dem Backpulver mischen.

3. Die Tomaten waschen, vierteln und zusammen mit Frischkäse, Eiern, Tomatenmark und den Schinkenwürfel hinzugeben. Alles miteinander vermengen.

4. Den Teig mit Pizzagewürz, Salz und Pfeffer würzen.

5. Aus dem Teig acht handtellergroße Portionen auf einem mit Backpapier belegten Blech formen.

6. Harzer Käse in dünne Scheiben schneiden und auf den Teig legen.

7. Ca. 20 Minuten backen, bis die Mini-Pizzen von außen kross sind.

Nährwerte je Mini-Pizza

KCAL	FETT	KH	Z	PROT	BS
131	5 g	8 g	3 g	14 g	1 g

47 GRÜNES AVOCADO-PESTO

FLAVIO SIMONETTI | HAUPTGERICHT

Anders als gewöhnliches Pesto – auch selbstgemachtes – enthält dieses Pesto kein Öl. Seine cremige Konsistenz kommt von der Avocado. Deswegen schmeckt es auch ein wenig wie eine Mischung aus Pesto und Guacamole. Es macht sich gut als Pastasauce, als Brotaufstrich oder zu Kartoffeln.

ZUTATEN

- 1 Bund Basilikum
- ½ Avocado
- 1 Knoblauchzehe
- 2 EL Pinienkerne
- 1 EL Zitronensaft
- Salz und Pfeffer
- 30 g Parmesan

KCAL	33	FETT	3 g
KH	1 g	Z	0 g
PROT	1 g	BS	1 g

Nährwerte je Esslöffel

1. Die Basilikumblättchen abzupfen und waschen, die halbe Avocado von Schale und Kern befreien und die Knoblauchzehe schälen.

2. Alle Zutaten bis auf den Parmesan zusammen in einen Mixer geben und die Masse cremig pürieren. Bis zu 3 EL Wasser zugeben, bis du mit der Konsistenz zufrieden bist. Das Pesto sollte aber nicht flüssig sein.

3. Den Parmesan reiben, hinzufügen und das Pesto mit Salz und Pfeffer abschmecken. Luftdicht verschlossen aufbewahren, zum Beispiel in einem Marmeladenglas. Am besten innerhalb einiger Tage aufbrauchen oder direkt einfrieren.

TIPP

Avocados werden häufig noch nicht ganz reif angeboten. Hier brauchst du aber eine weiche Avocado. Wenn ihre Schale auf Druck leicht nachgibt, ist sie reif.

48 ROTES PESTO

Dieses Pesto auf Grundlage von getrockneten Tomaten ist zwar relativ ölig, aber ergibt zusammen mit Vollkornnudeln und ein bisschen frischem Gemüse eine vollwertige Mahlzeit. Wenn du geübt im Umgang mit dem Pürierstab bist, achte bei deinen nächsten Einkäufen darauf, die Zutaten für dieses Rezept statt fertigem Pesto einzupacken – hab deine Ernährung unter Kontrolle!

ZUTATEN

- 2 Knoblauchzehen
- 200 g getrocknete Tomaten in Öl
- 5 EL Pinienkerne
- 3 EL Tomatenmark
- 2 EL Zitronensaft
- 1 EL TK-Petersilie
- Salz und Pfeffer

1. Die Knoblauchzehen schälen, mit allen anderen Zutaten in einen Mixer geben und pürieren, bis die Masse cremig ist. Mit Salz und Pfeffer abschmecken.

2. Luftdicht verschlossen aufbewahren, zum Beispiel in einem Marmeladenglas. Am besten innerhalb einiger Tage verwenden oder direkt einfrieren.

KCAL	34	FETT	3 g
KH	2 g	Z	1 g
PROT	1 g	BS	1 g

Nährwerte je Esslöffel

49 ZUCCHINI-PIZZA-BOOTE

FLAVIO SIMONETTI | ZWISCHENMAHLZEIT

Ja, irgendwann haben auch wir genug von Pizza – Scherz! Natürlich nicht, deswegen haben wir diese eleganten Zucchini-Pizza-Boote für dich. Vom Geschmack erinnert dieses Gericht an die Pizzabaguettes aus der Tiefkühltruhe, nur dass sie komplett ohne das Brot und das Fett auskommen. Ein leichtes und sehr einfach zuzubereitendes Rezept.

ZUTATEN
FÜR 4 BOOTE

2 Zucchini
½ Bund Basilikum
150 g passierte Tomaten
Salz und Pfeffer
1 rote Zwiebel
10 Kirschtomaten
50 g Oliven

1. Den Ofen auf 200 °C Ober- und Unterhitze (180 °C Umluft) vorheizen.

2. Die Zucchini waschen, der Länge nach halbieren und die Samen mit einem Esslöffel entfernen. Damit die Zucchini flach auf dem Blech liegen, die runde Unterseite der Boote mit dem Messer etwas abflachen.

3. Die Basilikumblättchen abzupfen, waschen und grob hacken. Mit den passierten Tomaten, Salz und Pfeffer in eine Schüssel geben.

4. Die Zwiebel schälen und würfeln. Die Kirschtomaten waschen. Oliven und Tomaten vierteln und mit in die Schüssel geben. Alles gut vermischen. Die Füllung in den Zucchinibooten verteilen.

5. Im Ofen ca. 20 Minuten backen, bis die Zucchini weich sind.

TIPP

Zu einer Pizza gehört auch Käse. Wenn du möchtest, kannst du dir also auch noch ein wenig Feta oder geriebenen Parmesan auf die Zucchini bröseln.

Nährwerte je Boot

KCAL	FETT	KH	Z	PROT	BS
61	2 g	6 g	4 g	3 g	3 g

50 KICHERERBSEN-THUNFISCH-SALAT

FLAVIO SIMONETTI | ZWISCHENMAHLZEIT

Dieser Salat ist ein richtig guter Energielieferant nach dem Training oder für lange Reisen. Bereite die doppelte oder dreifache Menge vor und bewahre den Salat in Plastikboxen im Kühlschrank auf. So hast du wichtige Fettsäuren und eine ordentliche Portion an Proteinen und Ballaststoffen auf Lager.

ZUTATEN
FÜR 2 PORTIONEN

- ½ Kopf Blattsalat
- ½ Zwiebel
- ½ Möhre
- 1 Zucchini
- 1 TL Öl
- 2 EL Kürbiskerne
- 265 g Kichererbsen
- 1 Dose Thunfisch
- ½ TL gemahlener Kreuzkümmel
- 5 Kirschtomaten
- Salz und Pfeffer

DRESSING
- 2 EL Zitronensaft
- 3 EL Mandelmus
- 1 EL Sesammus (Tahin)

1. Zwiebel und Möhre schälen, Zucchini waschen. Alles klein schneiden.

2. Das Öl in einer Pfanne erhitzen. Zuerst die Zwiebeln darin glasig anschwitzen, danach Möhre und Kürbiskerne zugeben und etwas anrösten.

3. Dann die Zucchini darin anbraten, anschließend die abgetropften Kichererbsen und den Thunfisch hinzugeben.

4. Kreuzkümmel unterrühren und etwas ziehen lassen, bis Zucchini und Möhre gar, aber noch bissfest sind.

5. Die Tomaten waschen, vierteln und unterheben. Mit Salz und Pfeffer abschmecken.

6. Für das Dressing Zitronensaft, Mandelmus und Sesammus in einer Schüssel verrühren.

7. Die Salatblätter etwas klein zupfen, waschen und trocken schütteln. Auf einen Teller geben, den Pfanneninhalt daneben anrichten und alles mit dem Dressing beträufeln.

Nährwerte je Portion

KCAL	FETT	KH	Z	PROT	BS
511	27 g	23 g	8 g	35 g	22 g

51 ANTIPASTI ALLA SIMONETTI

FLAVIO SIMONETTI | ZWISCHENMAHLZEIT

Flavio hat sich in seiner Variante der klassischen Vorspeisen-Kleinigkeiten aus Italien auf gegrilltes Gemüse spezialisiert. Wer das Gemüse auf den Grill legt, macht das am besten, bevor Fleisch und Fisch folgen. Dann passt es auch zeitlich als leckere Vorspeise oder dient als Salattopping. Außerhalb der Grillsaison lässt sich das Gemüse auch im Ofen rösten.

ZUTATEN
FÜR 2 PORTIONEN

- 100 g Champignons
- ½ Fenchel
- 1 Paprikaschote
- ½ Aubergine
- 1 Zucchini
- Salz
- ½ Bund Petersilie
- ½ Bund Basilikum
- 2 Knoblauchzehen
- etwas abgeriebene Schale von 1 Bio-Zitrone
- 5 EL Olivenöl
- 3 EL Balsamicoessig
- ½ TL Meersalz

1. Pilze und Gemüse waschen und putzen. Die Champignons halbieren. Den Fenchel vierteln, die Paprika halbieren und die Kerne entfernen. Aubergine und Zucchini halbieren und in Scheiben schneiden, die Auberginenscheiben salzen (das Salz entzieht der Aubergine Wasser). Nach ca. 10 Minuten die Auberginenscheiben abwaschen und trocken tupfen.

2. Das Gemüse auf dem Grill oder in der Pfanne mit etwas Öl von jeder Seite ca. 2 Minuten anbraten. Danach abkühlen lassen.

3. Petersilie und Basilikum waschen, Blättchen abzupfen und grob hacken. In eine große Salatschüssel geben.

4. Den Knoblauch schälen, klein schneiden und zu den Kräutern geben. Etwas abgeriebene Zitronenschale hinzugeben.

5. Die Haut von der abgekühlten gegrillten Paprika entfernen, Paprika und Fenchel mundgerecht schneiden und alles mit dem restlichen Gemüse in die Schüssel geben.

6. Mit Olivenöl, Balsamicoessig und Meersalz abschmecken.

Nährwerte je Portion

KCAL	FETT	KH	Z	PROT	BS
434	35 g	17 g	14 g	6 g	8 g

52 SPAGHETTI FORZA ITALIA

FLAVIO SIMONETTI | HAUPTGERICHT

Ein paar besondere Zutaten reichen, und schon schmecken deine Spaghetti nach Italien und nicht mehr nach Studentenbude. Mit Scampi, Rucola und Olivenöl wird dein Abendessen zum Kurzurlaub für die Geschmacksnerven. Vollkornnudeln beinhalten neben komplexen Kohlenhydraten, die dem Körper länger Energie liefern, wichtige Makronährstoffe und Mineralien.

ZUTATEN
FÜR 2 PORTIONEN

- 400 g Vollkornspaghetti
- Salz
- 2 Knoblauchzehen
- 1 Chilischote
- 1 EL Olivenöl
- 250 g Scampi
- 200 g passierte Tomaten
- 3 EL Tomatenmark
- 1 TL flüssiger Honig
- 2 EL Zitronensaft
- 80 g Rucola
- Pfeffer

1. Die Spaghetti nach Packungsanleitung in Salzwasser kochen.

2. Die Knoblauchzehen schälen und in grobe Stücke schneiden. Die Chilischote waschen, entkernen und in feine Ringe schneiden.

3. Das Öl in der Pfanne erhitzen und Knoblauch und Chili darin anbraten. Wenn der Knoblauch beginnt zu bräunen, die Scampi dazugeben und 1 Minute mitbraten.

4. Die passierten Tomaten, das Tomatenmark und den Honig in die Pfanne geben und einige Minuten köcheln.

5. Die gegarten Spaghetti zur Sauce geben. Dabei etwa eine halbe Tasse Kochwasser auffangen und mit dazugeben.

6. Gut mischen, bis sich Sauce und Nudeln verbinden. Dann servieren.

VARIATION
ABNEHMEN

Statt der Nudeln kannst du Zucchinispaghetti verwenden: Zucchini mit einem Spiralschneider zu Spaghetti schneiden und kurz anbraten, dann weiter nach Rezept vorgehen. Schau dir dazu auch unser Zucchini-Bandnudel-Rezept auf Seite 138 an.

Nährwerte je Portion

KCAL	FETT	KH	Z	PROT	BS
971	12 g	151 g	17 g	54 g	17 g

53 ZUCCHINI-EIWEISS-LASAGNE

FLAVIO SIMONETTI | HAUPTGERICHT

Wir haben mal gerechnet: Ein 300-Gramm-Stück unserer Zucchini-Protein-Lasagne kommt auf beeindruckende 10 Gramm Kohlenhydrate, 20 Gramm Fett und 33 Gramm Eiweiß (!). Das italienische Ursprungsrezept sieht da mit 23 Gramm Kohlenhydraten, 28 Gramm Fett und 18 Gramm Eiweiß deutlich ungünstiger aus. Und hat auch noch ca. 120 Kilokalorien mehr.

ZUTATEN FÜR 2 PORTIONEN

- 2 Zucchini
- 150 g Parmesan
- 400 g Magerquark
- 2 Eier
- 2 EL grünes Pesto
- Salz und Pfeffer
- 1 TL Olivenöl
- 3 EL Pinienkerne

1. Die Zucchini waschen und längs in sehr dünne, lange Scheiben schneiden.

2. Den Parmesan fein reiben und 100 Gramm davon mit dem Quark, den Eiern und dem Pesto in einer Schüssel vermengen. Mit Salz und Pfeffer würzen.

3. Den Backofen auf 180 °C Ober- und Unterhitze (160 °C Umluft) vorheizen.

4. Eine mittelgroße Auflaufform mit dem Öl fetten. Dann die Zucchinischeiben und die Quarkmasse abwechselnd hineinschichten. Den Abschluss bildet eine Schicht Quarkmasse.

5. Den Auflauf mit dem übrigen geriebenem Parmesan und den Pinienkernen bestreuen.

6. Ca. 45 Minuten im Ofen backen. Der Auflauf ist fertig, wenn er oben schön goldbraun ist.

TIPP

Getrocknete Tomaten passen auch ganz hervorragend in diese Lasagne. Entweder, du legst sie im Ganzen zwischen die Schichten oder du schneidest sie klein und rührst sie unter die Quarkmasse.

Nährwerte je Portion

KCAL	FETT	KH	Z	PROT	BS
721	43 g	17 g	12 g	65 g	4 g

54 FITNESS-FLAMMKUCHEN

FLAVIO SIMONETTI | HAUPTGERICHT

Flammkuchen ist quasi die Pizza des Elsass. Aus der klassischen Version mit saurer Sahne, Zwiebeln und Speck haben wir die sportliche Variante mit wenig Fett und langsamen Kohlenhydraten gemacht. Dank Harzer Käse, Möhren und saurer Sahne bleibt der Flammkuchen aromatisch und deftig.

ZUTATEN
FÜR 1 BLECH

- 100 g Vollkorn-Weizenmehl
- ½ TL Backpulver
- 1 TL Leinöl
- 80 g Magerquark
- 1 Becher saure Sahne light
- 2 Frühlingszwiebeln
- 80 g Harzer Käse
- Salz und Pfeffer
- 1 Möhre

1. Den Backofen auf 200 °C Ober- und Unterhitze vorheizen (Umluft ist nicht geeignet).

2. Mehl und Backpulver in einer großen Schüssel vermischen. Öl und Magerquark hinzugeben und alles gut vermengen. Der Teig muss kompakt und gut ausrollbar sein. Ist er zu bröselig, hilft etwas Wasser. Falls er zu weich ist, noch etwas mehr Mehl unterrühren.

3. Ein Backblech mit Backpapier belegen und den Teig mit einem Nudelholz, einer Flasche oder einfach mit der Hand dünn ausrollen bzw. auslegen.

4. Die saure Sahne gleichmäßig auf dem Teig verteilen.

5. Die Frühlingszwiebeln waschen und in Ringe schneiden. Den Harzer Käse in kleine Stücke schneiden. Beides auf dem Teig verteilen. Mit Salz und Pfeffer würzen.

6. Die Möhre schälen und über den Flammkuchen raspeln. Wenn du keine Reibe hast, kannst du auch mit einem Sparschäler lange Streifen schneiden.

7. Im Backofen 20–30 Minuten backen, bis der Belag schön braun ist und es lecker duftet.

TIPP

Statt Harzer Käse Räuchertofu als Topping verwenden. Nach dem Backen noch Rucola auf dem Flammkuchen verteilen und etwas Balsamicoessig als Dressing darüber träufeln.

Nährwerte je Blech

KCAL	FETT	KH	Z	PROT	BS
776	25 g	80 g	15 g	50 g	14 g

55 MEDITERRANE ZUCCHINI-BANDNUDELN

FLAVIO SIMONETTI | HAUPTGERICHT

Zucchini sind, einmal in den Speiseplan aufgenommen, abwechslungsreich einsetzbar. Egal, ob als Lasagne (Seite 134) oder als Pizza-Zucchini-Boote (Seite 128): Das Kürbisgewächs ist sich für nichts zu schade. Hier zauberst du No-Carb-Bandnudeln aus dem grünen Gemüse, die in 10 Minuten auf dem Teller dampfen.

ZUTATEN FÜR 1 PORTION

- 2 Zucchini
- Salz
- 70 g getrocknete Tomaten in Öl
- 100 g Feta
- 1 EL Olivenöl
- 1 EL Zitronensaft
- Pfeffer

1. In einem Topf reichlich Wasser zum Kochen bringen.

2. Die Zucchini waschen, längs halbieren und mit einem Sparschäler zu Zucchini-Bandnudeln schneiden.

3. Das kochende Wasser salzen und die Zucchini 2–3 Minuten darin bissfest garen. Dann die Zucchini durch einen Durchschlag abgießen und gut abtropfen lassen.

4. In der Zwischenzeit die getrockneten Tomaten abtropfen lassen und hacken.

5. Die abgetropften Zucchininudeln mit den getrockneten Tomaten auf einen großen Teller geben und den Feta darüber bröseln. Alles vermischen.

6. Die Zucchininudeln mit Öl, Zitronensaft, Salz und Pfeffer abschmecken.

Nährwerte je Portion

KCAL	FETT	KH	Z	PROT	BS
504	35 g	16 g	13 g	28 g	8 g

56 SCHARFES DINKEL-ROSMARIN-BAGUETTE

FLAVIO SIMONETTI | ZWISCHENMAHLZEIT

Wer kann einem frisch gebackenen, noch warmen Baguette aus dem Ofen widerstehen? Herzhaft belegt, gibt das Brot dem Aufstrich oder Aufschnitt durch die Chili zusätzlich Würze. Zu scharf wird es aber nicht. In der Vollkornvariante zeichnet sich der Dinkel durch viele hochwertige Fette und Aminosäuren aus.

ZUTATEN

FÜR 1 BAGUETTE

- 450 g Vollkorn-Dinkelmehl
- 2 TL Brotgewürz
- 3 TL Rosmarin plus etwas zum Bestreuen
- ½ TL Salz
- 30 g frische Hefe oder Trockenhefe
- 1 EL Apfelessig
- 1 Chilischote
- 20 Oliven

1. Das Mehl in eine Schüssel geben und mit Brotgewürz, Rosmarin und Salz vermischen.

2. Die Hefe in 300 ml lauwarmen Wasser auflösen und mit dem Apfelessig in die Schüssel geben. Dann den Teig gut durchkneten. Wenn er zu bröselig ist, etwas lauwarmes Wasser nachgießen.

3. Den Teig an einem warmen Ort etwa 1 Stunde gehen lassen.

4. Den Ofen auf 200 °C Ober- und Unterhitze (180 °C Umluft) vorheizen und ein Blech mit Backpapier auslegen.

5. Die Chili waschen und die Kerne entfernen. Chili in feine Stücke und die Oliven in Ringe schneiden. Dann beides unter den Teig kneten.

6. Den Teig auf dem Backblech zu einem Baguette formen, mit einem Messer längs etwa ½ cm tief einschneiden und noch etwas Rosmarin darüber streuen. Dann kommt das Brot in den Ofen.

7. Ca. 20 Minuten backen, die Backzeit hängt von der Dicke des Baguettes ab, also lieber beobachten!

8. Wenn das Baguette fertig ist, einfach aus dem Ofen nehmen und abkühlen lassen.

TIPP

Reines Vollkorn-Dinkelbrot wird schnell trocken, deswegen zügig verzehren, in deiner Brotbox in ein sauberes Geschirrtuch eingewickelt lagern oder gleich einfrieren.

Nährwerte je Baguette

KCAL	FETT	KH	Z	PROT	BS
1657	15 g	311 g	4 g	60 g	59 g

57 MARMORKUCHEN OHNE MEHL

FLAVIO SIMONETTI | SNACK

Kuchen muss auch mal sein, aber dann bitte ohne überzüchteten Weizen oder zu viel Zucker. Probier es mal mit unserem Marmorkuchen ohne Mehl, wenn du magst, kannst du zusätzlich eine halbe Tafel Schokolade in einem Topf im Wasserbad schmelzen und damit den Kuchen glasieren – denk aber an die Nährwerte.

ZUTATEN
FÜR 1 KUCHEN

3 Eiweiß
60 g Kokosmehl
½ TL Backpulver
1 Ei
150 g fettarmer Joghurt
80 ml fettarme Milch
2 EL flüssiger Honig
30 g Proteinpulver
½ TL gemahlene Vanille
1 EL stark entöltes Kakaopulver

1. Den Ofen auf 200 °C Ober- und Unterhitze (180 °C Umluft) vorheizen und eine kleine Kastenform mit Backpapier auslegen.

2. Die Eiweiße in einem hohen Rührbecher mit den Quirlen eines Rührgeräts oder einem Schneebesen steif schlagen.

3. In einer Schüssel das Kokosmehl mit dem Backpulver verrühren.

4. Ei, Joghurt, Milch, Honig, Proteinpulver und Vanille dazugeben und alles gut verrühren.

5. Den Eischnee mit einem Löffel peu a peu unterheben.

6. Ca. ein Drittel der Teigmasse in die Backform geben.

7. Den Rest der Teigmasse mit dem Kakao verrühren und auf dem Teig in der Form verteilen.

8. Die zwei Teigschichten mithilfe einer Gabel spiralförmig miteinander verrühren, damit der Kuchen das typische Marmorkuchenmuster bekommt.

9. Den Kuchen im Ofen ca. 30 Minuten backen, bis er goldbraun ist.

Nährwerte je Kuchen

KCAL	FETT	KH	Z	PROT	BS
842	42 g	56 g	45 g	72 g	28 g

58 SUPERFOOD-SHAKE

FLAVIO SIMONETTI | POST-WORKOUT

ZUTATEN
FÜR 1 PORTION

1 Banane
300 ml Nussmilch
50 g TK-Heidelbeeren
30 g Proteinpulver

Heidelbeeren besitzen viele Antioxidantien und die sind prima zum Binden der freien Radikale in deinem Körper. Freie Radikale bilden sich zum Beispiel, wenn du Alkohol trinkst oder industriell verarbeitete Fette oder Zucker verzehrst. Sie können eine beschleunigte Zellalterung und DNA-Schäden hervorrufen. Weitere Superfoods wie Kakao oder Goji-Beeren enthalten ebenfalls viele Antioxidantien.

1. Banane schälen und alles zusammen in den Mixer und durchmixen. Fertig.

KCAL	318	FETT	6 g
KH	41 g	Z	27 g
PROT	27 g	BS	5 g

Nährwerte je Portion

VARIATION
MUSKELAUFBAU

Wenn dir das zu flüssig ist, ergänze die Zutatenliste um eine halbe Tasse feine Haferflocken und fülle nach, bis die von dir gewünschte Konsistenz erreicht ist.

---

59 BRATÄPFEL

FLAVIO SIMONETTI | SNACK

ZUTATEN
FÜR 4 ÄPFEL

4 Äpfel
4 EL weißes Mandelmus
10 Walnusskerne
40 g Rosinen
2 TL Zimtpulver
2 EL flüssiger Honig

Bratäpfel sind eine leckere und schnell gemachte Nachspeise. Je nach Saison kannst du auch einen sommerlichen Bratapfel zubereiten, zum Beispiel mit Kokosflocken und Orangenmarmelade. Hier haben wir eine traditionelle Variation des Winterklassikers mit Zimt und Mandelmus.

1. Den Ofen auf 180 °C Ober- und Unterhitze (160 °C Umluft) vorheizen.

2. Die Äpfel waschen und die oberen 2 cm jedes Apfels und eine dünne Scheibe der Apfelböden ab- und kleinschneiden. Die Kerngehäuse ausstechen oder -schneiden und jeden Apfel mit einem Löffel aushöhlen – aufpassen, dass dabei kein Loch entsteht. Das Fruchtfleisch etwas klein schneiden, wenn nötig.

3. Je 1 EL Mandelmus in jeden Apfel geben.

4. Die Walnüsse grob hacken, mit Rosinen, Apfelstücken, Zimt und Honig in einer Schüssel vermischen. Dann in die Äpfel füllen.

5. Im Ofen 30 Minuten backen und warm servieren.

KCAL	377	FETT	23 g
KH	31 g	Z	29 g
PROT	6 g	BS	6 g

Nährwerte je Apfel

60 HAFERFLOCKEN-TRAUBEN-MÜSLI

FLAVIO SIMONETTI | ZWISCHENMAHLZEIT

Das Müsli zum Frühstück ist wahrscheinlich in den meisten Sportlerhaushalten Teil der Morgenroutine. Hier gibt es ein fettarmes und mineralienreiches Grundrezept, das du natürlich nach Belieben verändern kannst. Nimm eine Nussmischung statt der Mandeln, oder schnibbel dir zusätzliches Obst ins Schälchen – deine Entscheidung.

ZUTATEN
FÜR 1 PORTION

- 150 g Magerquark
- 100 ml Mandelmilch
- 15 kernlose Weintrauben
- 10 Mandeln
- 5 EL Haferflocken

1. Den Quark mit der Mandelmilch in einem Schälchen glatt verrühren.

2. Die Weintrauben waschen und halbieren. Die Mandeln ebenfalls halbieren und beides zusammen mit den Haferflocken zum Quark geben.

3. Alles gut miteinander vermischen.

KCAL	427	FETT	10 g
KH	50 g	Z	21 g
PROT	29 g	BS	7 g

Nährwerte je Portion

61 GEBACKENE EI-AVOCADO

Für dieses Frühstücks-Rezept sind nur zwei Hauptzutaten und 20 Minuten Zeit notwendig. Wenn du mehr Geschmack an deiner Back-Avocado möchtest, kannst du vor dem Backen noch weitere Zutaten in die Alufolie geben. Zum Beispiel Kirschtomaten und etwas geriebenen Käse oder Schinkenwürfel und Zwiebeln.

ZUTATEN
FÜR 1 PORTION

- 1 Avocado
- 2 Eier
- Salz und Pfeffer

1. Den Ofen auf 200 °C Ober- und Unterhitze (180 °C Umluft) vorheizen

2. Die Avocado halbieren, den Kern entfernen und beide Avocadohälften mit einem Esslöffel etwas auskratzen, damit genug Platz für ein Ei ist.

3. Jeweils ein Ei in jede Kuhle geben, mit Salz und Pfeffer würzen und die Hälften mit Alufolie locker umwickeln, dann läuft nachher nichts daneben.

4. Auf ein Backblech legen und ca. 15 Minuten backen.

KCAL	443	FETT	37 g
KH	16 g	Z	2 g
PROT	18 g	BS	12 g

Nährwerte je Portion

62 FLAVIOS ERDBEEREISTRAUM

FLAVIO SIMONETTI | SNACK

Einfache Eisrezepte basieren meistens auf bereits gefrorenen Zutaten, so auch dieses. Natürlich kannst du auch die Erdbeeren gegen andere gefrorene Beeren oder Früchte austauschen, und auch Varianten mit Nussmilch entwickeln ihren ganz eigenen Geschmackscharakter.

ZUTATEN
FÜR 1 PORTION

250 g TK-Erdbeeren
50 ml fettarme Milch
20 g Proteinpulver

KCAL	198	FETT	3 g
KH	19 g	Z	17 g
PROT	19 g	BS	1 g

Nährwerte je Portion

1. Die gefrorenen Erdbeeren mit der Milch und dem Proteinpulver pürieren, bis eine cremige Masse entstanden ist.

2. Wenn es ein festes Eis werden soll, stell die Masse mindestens 5 Stunden ins Eisfach.

63 HEIDELBEER-VANILLE-SCHAUM

Jeder hat mal Lust auf was Süßes. Für solche Momente gibt es dieses kleine, aber feine Dessert ohne viele Kohlenhydrate. Es stillt schnell das Verlangen nach dem sofortigen Energieschub und versorgt dich dank der Heidelbeeren gleichzeitig mit wichtigen Antioxidantien, die dein Immunsystem stärken.

ZUTATEN
FÜR 2 PORTIONEN

1 Eigelb
50 g Sahne
1 TL gemahlene Vanille
1 TL Stevia-Streusüße
150 g Heidelbeeren (frisch oder TK)

KCAL	141	FETT	11 g
KH	7 g	Z	6 g
PROT	3 g	BS	2 g

Nährwerte je Portion

1. Das Eigelb mit 2 EL Wasser in einer Rührschüssel schaumig schlagen.

2. Die Sahne in einer anderen Schüssel steif schlagen.

3. Vanille zusammen mit geschlagener Sahne und Stevia unter den Eierschaum heben.

4. Die Heidelbeeren in einem Topf erwärmen, bis sie zerfallen. Dann in ofenfesten Schälchen verteilen und den Eischaum darüber geben.

5. Die Schälchen in den auf 200 °C Ober- und Unterhitze (180 °C Umluft) vorgeheizten Ofen geben und 5 Minuten backen.

64 HEIDELBEER-PROTEIN-MUFFINS

FLAVIO SIMONETTI | SNACK

Flavios Bananen-Heidelbeer-Muffins eignen sich hervorragend als Post-Workout-Snack oder mal so zwischendurch, um die Kohlenhydratspeicher wieder aufzufüllen. Das Gebäck lässt sich in kurzer Zeit zubereiten und kommt dank der Bananen und des Proteinpulvers ohne ein Gramm Zucker aus.

ZUTATEN FÜR 8 MUFFINS

3 Bananen
8 EL Haferflocken
30 g Proteinpulver
1 TL Backpulver
1 Ei
½ TL gemahlene Vanille oder Zimtpulver
50 g frische oder TK-Heidelbeeren
evtl. Fett für die Muffinformen

1. Den Backofen auf 200 °C Ober- und Unterhitze (180 °C Umluft) vorheizen.

2. Die Bananen schälen und mit einer Gabel in einer Schüssel zerdrücken.

3. Haferflocken, Protein- und Backpulver dazugeben und verrühren.

4. Dann Ei und Vanille oder Zimt hinzugeben und noch einmal kräftig verrühren. Anschließend die Heidelbeeren unterheben.

5. Die Muffinform einfetten oder Muffin-Papierförmchen in die Muffinformen setzen und den Teig in die Förmchen füllen.

6. Die Muffins 30 Minuten backen, bis sie goldbraun sind.

VARIATION

Statt des Proteinpulvers kannst du auch gemahlene Mandeln oder Haselnüsse verwenden. Die Muffins sind dann aber weniger süß.

Nährwerte je Muffin

KCAL	FETT	KH	Z	PROT	BS
105	2 g	17 g	6 g	6 g	2 g

65 APFEL-CRUMBLE MIT JOGHURT

FLAVIO SIMONETTI | POST-WORKOUT

Crumbles sind eigentlich mit Streuseln überbackene Früchte, ein bisschen wie der gute, alte Streuselkuchen, nur ohne den Boden. In unserem Rezept haben wir die Teigstreusel durch Haferflocken ersetzt. Dieser Apfel-Crumble ist ein Athletentraum auf Joghurt. Wer möchte, kann das Proteinpulver auch weglassen.

ZUTATEN
FÜR 1 PORTION

- 1 Apfel
- 1 TL Kokosöl
- 1 TL Zimtpulver
- 3 EL Haferflocken
- 200 g fettarmer Joghurt
- 30g Proteinpulver

KCAL	506	FETT	15 g
KH	49 g	Z	28 g
PROT	39 g	BS	6 g

Nährwerte je Portion

1. Den Apfel waschen, das Kerngehäuse entfernen, Apfel in kleine Stücke schneiden und in dem Kokosöl in einer Pfanne anbraten.

2. Wenn der Apfel braun wird, Zimt und Haferflocken hinzugeben, vermischen und noch 1 Minute mitbraten.

3. Den Joghurt in einem Schälchen mit Proteinpulver vermengen.

4. Die Apfel-Haferflocken-Mischung darauf verteilen.

66 APFELSPALTEN MIT MANDELMUS

FLAVIO SIMONETTI | SNACK

Ein einfacher Snack für Zwischendurch. So ein Apfelstück mit einem Teelöffel Mandelmus passt eigentlich immer. Wenn du Mandelmus und einen Apfel zur Hand hast, ist der Snack ruck, zuck gemacht. Aber aufpassen: Wer einmal anfängt, muss wissen, wann gut ist.

ZUTATEN
FÜR 1 PORTION

- 1 Apfel
- 4 TL weißes Mandelmus

Nährwerte je Portion

KCAL	263	FETT	18 g
KH	16 g	Z	14 g
PROT	6 g	BS	5 g

1. Apfel waschen, achteln, Kerngehäuse entfernen und jeweils ½ TL Mandelmus auf den Apfelspalten verteilen.

RAFAEL MCSTAN

„ERNÄHRUNG UND FITNESSTRAINING SIND EIN STÄNDIGES AUSPROBIERN."

SERVUS LEUTE, WILLKOMMEN!

Wenn man mich heute fragt, wie ich ein „Fitness-YouTuber" geworden bin, dann muss ich immer ein bisschen grinsen. Es ist eine lange Geschichte, mit der ich gute Erinnerungen verbinde. Bevor ich aber einsteige und euch aus meiner Vergangenheit erzähle, weihe ich euch kurz in meine grundlegende Ernährungsphilosophie ein. Wobei der Leitgedanke, den ich in der Auswahl meines alltäglichen Essens verfolge, eigentlich auf jeden meiner Lebensbereiche zutrifft. Er ist zwar einfach, aber wie bei so vielen Sachen, wirkt so ein Leitgedanke erst, wenn man ihn mit viel Energie verfolgt. Er lässt sich einfach mit diesen drei Wörtern beschreiben: Ausprobieren, ausprobieren, ausprobieren.

SO BIN ICH FITNESS-YOUTUBER GEWORDEN

Unsportlich war ich noch nie. Bevor ich mit dem Fitnesstraining anfing, spielte ich eine Zeit lang Baseball und war lange in einem Leichtathletikverein. Zu Fitness kam ich dann durch meine Zeit bei der Bundeswehr, ich habe meine Grundausbildung bei der Panzertruppe absolviert. Da wir nach Dienstschluss nicht viel zu tun hatten und die Stadt, in der ich stationiert war, nicht wirklich viel zu bieten hatte, ging es für mich und meine Kameraden oft in den Kraftraum. Mehrmals in der Woche hoben wir Gewichte.

„ICH VERTRETE VIEL MEHR EINEN BEWUSSTEN ERNÄHRUNGSSTIL ALS EIN ABWECHSELN VON DIÄTEN."

Wie bei vermutlich fast jedem, der sich irgendwann mal in einem Fitnessstudio anmeldet und dann anfängt zu trainieren, waren meine Trainingsanfänge sehr unstrukturiert. Aber der Sport gefiel mir und mit der Zeit stellten sich auch erste Trainingserfolge ein. Wenn das passiert, denke ich, dann hört man einfach nicht mehr auf. Dann kam dazu, dass ich irgendwann mehr über den Sport im Allgemeinen lernen wollte, deshalb begann ich, mich neben den Gym-Sessions selbstständig, weiterzubilden.

Die Motivation für das Fitness-Training nahm ich auch mit in mein Studium der Medienwissenschaften in Marburg. Dort setzten wir uns natürlich auch mit neuen Medienformen, unter anderem mit YouTube, auseinander. Diese Video-Plattform machte mich sehr neugierig. Ich fragte mich, wie Inhalte aussehen müssten, um von der damals noch relativ überschaubaren Nutzerzahl wahrgenommen zu werden.

Gemeinsam mit Freunden startete ich einen Kanal, der sich mit Videospielen beschäftigte und auch meinen Fitnesskanal, damals noch unter dem Namen Infitness-TV. Ich probierte es einfach aus.

Der Fitnesskanal war mein Baby. Ich wollte einfach etwas machen, bei dem ich die Zügel selbst in der Hand hielt. Der Bedarf war da, das merkte ich schnell. Das „Fitness-YouTube" wie wir es heute kennen, gab es damals noch nicht. Es gab Magazine oder Bücher, aus denen man sich Informationen besorgen konnte, aber die waren meist teuer und nicht leicht zu verstehen. Mit meinen Videos wollte ich die Dinge gerne fassbarer und verständlicher machen.

Mein Ziel ist es bis heute geblieben, anderen Leuten mein Wissen näher zu bringen. Wer meine Videos sieht, soll das mit dem Gefühl tun, etwas zu lernen. Auch das halte ich bis heute so. Natürlich gibt es nicht in ausnahmslos jedem Video dieses Aha-Erlebnis, aber ich glaube, man merkt meinem Kanal an, dass ich Videos mit Substanz mache.

MEINE ERNÄHRUNG

Meine Ernährung ist mir wichtig. Ich vertrete viel mehr einen bewussten Ernährungsstil, als ein Abwechseln von Diäten. Natürlich habe auch ich mal Kalorien gezählt und natürlich habe ich genügend Disziplin, um mich von zu viel Süßem oder Fettigem fernzuhalten. Trotzdem gönne ich mir gerne mal was. Am liebsten Nutella-Brote, die sind meine Schwäche.

Ansonsten halte ich es bei meiner Ernährung wie mit allem anderen auch: Ich experimentiere und schaue, was mein Körper dazu sagt. Ja, meine Ernährungsphilosophie ist wirklich so einfach. Müsste ich das jetzt weiter ausführen, würde ich von einer Floskel in die nächste stolpern. Dann würde hier so was stehen wie: „Eine einseitige Ernährung ist nicht gut. Man sollte von allem etwas essen und nie einzelne Nahrungsmittel im Übermaß zu sich nehmen. Am besten ist eine ausgewogene Ernährung, die den Körper mit allen wichtigen Mikro- und Makro-Nährstoffen versorgt."

Also schnell wieder weiter im Text. Ich lasse mich auch gerne mal im Supermarkt von dem Angebot überraschen und greife zu exotischen Früchten oder Gemüsesorten, die ich noch nicht so gut kenne. Bei meinen Gerichten lasse ich mich auch von anderen Kulturen inspirieren. Zum Beispiel gibt es bei mir nach dem Training häufig Bulgur – gläubige Muslime essen das vorgegarte Weizenschrot nicht umsonst im Ramadan zum Fastenbrechen. Es ist ein unglaublich starker Energielieferant.

RAFAEL,

WAS HAT DIR DEINE YOUTUBE-KARRIERE ERMÖGLICHT?

Etwas, das ich mein Leben lang nicht vergessen werde, war eine Trainingseinheit mit Wladimir Klitschko. Es war wirklich etwas sehr besonders für mich, ihn als Mensch und Sportler kennenzulernen. Es war eine große Motivation für mich und hat mir gezeigt das alles im Leben möglich ist.

Auch die asiatische, im speziellen die thailändische Küche inspiriert mich. Ich koche sehr gerne mit den typischen Gewürzen. Mich beeindruckt vor allem die lange Lebenszeit vieler Asiaten. Die haben wirklich den Dreh raus, was eine ganzheitliche Ernährung angeht. Ein einfacher Reisteller mit Bohnengemüse und Fisch oder Fleisch versorgt den Körper optimal. Und es ist gar nicht so leicht, ihn mit genügend Energie zu versorgen, wenn man viel Sport treibt. Aber egal, ob viel oder wenig Sport: Eine ausgewogene Ernährung ist unglaublich wichtig, wenn man ordentlich „funktionieren" möchte.

WAS BEI DER ERNÄHRUNG GILT, GILT AUCH BEIM SPORT

Beim Sport geht es mir auch um Ausgewogenheit. Ich möchte meinen Körper noch lange benutzen und nicht schon früh körperliche Beschwerden bekommen. So ist auch mein Training auf Rundumfitness ausgelegt. Dehnen, Ausdauersport und Körpergewichtsübungen gehören bei mir genauso dazu, wie die typischen Fitnessstudioübungen vom Butterfly bis zum Kreuzheben.

Am wichtigsten ist auch hier: Auf den Körper hören. Ein gutes Beispiel dafür ist der Umgang mit der Faszien-Rolle. Das Faszientraining gibt es ja erst seit wenigen Jahren, aber es hat sich aus gutem Grund unglaublich schnell durchgesetzt. Es verstärkt das Bindegewebe, beugt so Verletzungen vor und erhöht die Elastizität der Muskeln, was wiederum dem Fitnesssport sehr zuträglich ist. Muskeln bekommen eine schönere Form und sind belastbarer.

Mindestens genauso wichtig wie die Bereitschaft, immer wieder neue Übungen in das Training mit aufzunehmen, ist die Geduld. Niemand sieht nach zwölf Wochen aus wie ein Bodybuilder. Es ist zwar schon erstaunlich, wozu der Körper fähig ist, wenn man ihn mal lässt. Aber Trainingsprogramme, die versprechen, in wenigen Wochen oder Monaten einen untrainierten Körper in „Astralkörpergestalt" zu verwandeln, können nicht funktionieren. Eine gute Sache haben solche Programme aber: Sie bringen die Menschen zum Sport.

Wer anfängt zu trainieren, braucht langfristige Ziele. Ich trainiere jetzt seit über zehn Jahren Fitness und habe davor auch schon viel Sport gemacht. Ich tue es, um meinen Körper zu stärken und natürlich auch, um ihm eine – in meinen Augen – „schöne" Form zu geben. Fitness mache ich wirklich nur für mich selber, aber ich freue mich, dass ich andere mit meinen Videos inspirieren und motivieren kann.

Dieses Gefühl, etwas zu haben, das einen dann immer weiter bringt, wenn man es macht, ist beeindruckend. Es gibt kein schlechtes Training. Okay, mal fühlt man sich schwach oder man quält sich durch den letzten Satz Klimmzüge, aber trotzdem tut man etwas für sich und für seine Zukunft. Zumindest geht es mir beim Training oft so.

FÜR MICH IST FITNESS-TRAINING SCHON FAST SO ETWAS WIE MEDITATION.

TAGESABLAUF

Ich arbeite hauptsächlich im Home Office, da ist es manchmal schwer, private und geschäftliche Angelegenheiten zu trennen, aber inzwischen bin ich so lang dabei, dass ich eine gute Balance gefunden habe.

8:30 **11:00** **14:00**

MORGEN-ROUTINE **RECHERCHE NACHRICHTEN MAILS, ETC.** **VIDEO DREHEN**

ZWISCHEN-MAHLZEIT

Zum Frühstück mache ich mir ein Spiegelei mit Brot oder ein Müsli mit Früchten. – je nach Laune. Immer dasselbe zu essen würde mich schnell langweilen.

HAUPTGERICHT

Mittags und damit vor meiner Trainingseinheit mache ich mir oft was Einfaches, aber davon viel. Zum Beispiel mein Rührei mit Reis oder eine große Portion Nudeln mit Sauce.

| 17:00 | 21:00 | 23:30 |

FITNESS-TRAINING | **FREIZEIT** | **SCHLAFEN**

HAUPTGERICHT

Zum Abendessen gibt es bei mir oft auch wieder was Warmes. Zum Beispiel ein vegetarisches asiatisches Gericht mit Reis und viel Gemüse, manchmal auch Fleisch oder einen Salat.

POST-WORKOUT

Nach dem Training gibt es einen Protein-Shake und wenn ich nach Hause komme – quasi als Belohnung – noch ein Brot mit Nutella. Bei meinem Kalorienbedarf brauche ich jede Kalorie.

67 SÜSSKARTOFFEL-KUMPIR

RAFAEL MCSTAN | HAUPTGERICHT

Ein Kumpir ist, vereinfacht gesagt eine „Ofenkartoffel mit Füllung" und ein gesundes Fast-Food, das du dir auch ganz einfach aus einer Süßkartoffel im eigenen Ofen zubereiten kannst. Wir haben unseren Süßkartoffel-Kumpir mit frischem Gemüse gemacht. Bei der Füllung sind deiner Phantasie aber keine Grenzen gesetzt. Eingelegte Zutaten wie Peperoni oder Oliven eignen sich zum Beispiel auch gut.

ZUTATEN
FÜR 2 PORTIONEN

2 Süßkartoffeln
6 Kirschtomaten
1 Frühlingszwiebel
70 g Erbsen
Salz und Pfeffer
80 g geriebener Light-Käse

KRÄUTERQUARK

200 g Magerquark
1 EL Zitronensaft
2 EL TK-Petersilie
1 TL flüssiger Honig
Salz und Pfeffer
frische Petersilie zum Anrichten

1. Den Ofen auf 200 °C Ober- und Unterhitze (180 °C Umluft) vorheizen.

2. Die Süßkartoffeln waschen, abtrocknen und im Ganzen auf ein mit Backpapier ausgelegtes Blech legen.

3. 60 bis 70 Minuten backen.

4. In der Zwischenzeit für das Topping die Tomaten und Frühlingszwiebel waschen und möglichst klein schneiden. Die Erbsen abgießen und alles bereitlegen.

5. Magerquark, Zitronensaft, Petersilie und Honig verrühren und mit Salz und Pfeffer abschmecken.

6. Die Süßkartoffeln aus dem Ofen holen, kurz abkühlen lassen, der Länge nach aufschneiden und das Innere der Süßkartoffeln vorsichtig mit einer Gabel zerdrücken, ohne dabei die Schale einzureißen.

7. Den Käse unter das Kartoffelfleisch mischen und mit Salz und Pfeffer würzen.

8. Jetzt das Gemüse in und auf die Kartoffeln geben und mit dem Quark und frischer Petersilie anrichten.

VARIATION
MUSKELAUFBAU

Zu dem Kumpir passt ein gutes Steak. Das Steak in einer heißen Pfanne 1–2 Minuten von jeder Seite scharf anbraten. Dann mit ein bisschen Salz und Pfeffer würzen und abgedeckt ca. 7 Minuten zu den Kartoffeln in den Ofen stellen.

Nährwerte je Portion

KCAL	FETT	KH	Z	PROT	BS
496	7 g	75 g	21 g	33 g	12 g

68 GEMÜSE-REIS-RÜHREI

RAFAEL MCSTAN | HAUPTGERICHT

Ein weiteres Rezept für dein alltägliches Küchen-Repertoire, ganz einfach zu kochen und gleichzeitig mit einer sehr ausgewogenen Nährstoffgrundlage. Das Reisgericht kannst du natürlich um dein Lieblingsgemüse und ein Stück Fleisch, Fisch oder leckeren Räucher-Tofu ergänzen.

ZUTATEN
FÜR 1 PORTION

1 Kochbeutel bzw. 125 g Naturreis
Salz
1 rote Paprikaschote
1 Zucchini
2 Frühlingszwiebeln
3 Eier
50 ml fettarme Milch
Pfeffer
1 TL Olivenöl

1. Den Reis nach Packungsbeilage in Salzwasser kochen.

2. In der Zwischenzeit das Gemüse waschen. Paprika von den Samen befreien. Paprika und Zucchini würfeln, Frühlingszwiebeln in Ringe schneiden.

3. Eier und Milch in einer Schüssel verrühren und mit Salz und Pfeffer würzen.

4. Das Öl in einer Pfanne bei starker Hitze erhitzen. Das Gemüse hineingeben und ca. 2 Minuten unter Rühren dünsten.

5. Die Eiermilch zum Gemüse zugeben, alles mischen und gut durchbraten.

6. Den gekochten Reis in die Pfanne geben und unterheben – fertig.

VARIATION
ABNEHMEN

Eine kalorienärmere Variante des Gerichts bekommst du, wenn du den Reis durch Quinoa oder Kartoffeln ersetzt. Oder wenn du ihn komplett weglässt.

Nährwerte je Portion

KCAL	FETT	KH	Z	PROT	BS
901	30 g	116 g	17 g	38 g	12 g

69 KÜRBIS-MÖHREN-SUPPE

RAFAEL MCSTAN | HAUPTGERICHT

Suppen sind ein schönes Prep-Meal, also eine Mahlzeit, die man gut für den späteren Verzehr vorbereiten kann. Deswegen nimm dir die Mengenangaben zur Vorlage, aber überlege dir auch, ob und wenn ja wieviel du noch vorkochen möchtest.

ZUTATEN
FÜR 2 PORTIONEN

1 mittelgroßer Hokkaido-Kürbis

2 Süßkartoffeln

200 g Möhren

Saft von 1 Orange

ca. 550 ml Gemüsebrühe

2 Zwiebeln

1 EL Olivenöl

Salz und Pfeffer

2 TL Kürbiskernöl

2 EL Kürbiskerne

1. Den Kürbis waschen, halbieren, die Kerne entfernen und das Fruchtfleisch in mittelgroße Würfel schneiden (beim Hokkaido-Kürbis kann man die Schale mitessen).

2. Die Süßkartoffeln waschen und in ebenso große Würfel schneiden. Die Möhren schälen und in dicke Scheiben schneiden.

3. Die Gemüsebrühe mit dem Orangensaft auf 600 ml auffüllen.

4. Die Zwiebeln schälen, fein würfeln und in einem großen Topf in dem Öl glasig dünsten. Kürbis, Kartoffeln und Möhren zugeben und kurz mitdünsten. Die Brühe zugeben, zugedeckt aufkochen und 15–20 Minuten bei kleiner Hitze kochen lassen, bis das Gemüse weich ist. Dann das Gemüse pürieren und die Suppe mit Salz und Pfeffer würzen.

5. Mit Kürbiskernöl und Kürbiskernen anrichten.

TIPP

Wegen des Kürbisses passt diese Suppe gut zur Herbstzeit. Er lässt sich je nach Saison aber gut durch mehr Süßkartoffeln (insgesamt dann ca. 500 g) ersetzen. Wenn du deine Suppe stückig magst, nimm zwei Suppenkellen Gemüse vor dem Pürieren ab und gib sie am Schluss wieder hinzu.

Nährwerte je Portion

KCAL	FETT	KH	Z	PROT	BS
681	21 g	107 g	40 g	15 g	20 g

70 BROKKOLIRIEGEL
RAFAEL MCSTAN | SNACK

Brokkoliriegel – noch nie gehört? Macht ja nichts. Wer sich auf Reisen begibt oder eine anstrengende Woche vor sich hat, sollte mal ausprobieren, damit gegen kleine Hungerattacken vorzusorgen. Dass Brokkoli gesund ist, muss keinem mehr erzählt werden: Das grüne Kohlgemüse steckt voller gesunder Mineralstoffe. Also, einfach mal ausprobieren.

ZUTATEN
FÜR 8 RIEGEL

1 Brokkoli
1 Zwiebel
2 Eier
4 EL Haferflocken
70 g geriebener Light-Käse
2 EL TK-Petersilie
Salz und Pfeffer

1. Ofen auf 200 °C Ober- und Unterhitze (180 °C Umluft) vorheizen und reichlich Wasser in einem Topf zum Kochen bringen.

2. Den Brokkoli waschen, die Röschen vom Stiel trennen und in grobe Stücke schneiden. In das kochende Wasser geben und 1 Minute kochen. Anschließend in einem Durchschlag abgießen und mit kaltem Wasser abschrecken.

3. Den Brokkoli in einem Mixer zerkleinern, damit die Masse für die Riegel möglichst glatt wird. Wenn du keinen Mixer hast, kannst Du den Brokkoli ganz fein schneiden.

4. Die Zwiebel schälen, würfeln und mit Eiern, Haferflocken, Käse, Petersilie und Brokkoli gut vermischen. Mit Salz und Pfeffer abschmecken.

5. Riegel aus der Masse formen. Dafür nimmst du einen gut gehäuften EL der Masse in die Hand und rollst sie zu einer Kugel. Die Kugel auf ein mit Backpapier ausgelegtes Backblech legen und erst dort zu Riegeln formen, da der Teig sehr klebrig ist.

6. Das Blech mit den Brokkoliriegeln in den Ofen schieben und die Riegel ca. 20 Minuten backen.

Nährwerte je Riegel

KCAL	FETT	KH	Z	PROT	BS
81	3 g	7 g	1 g	7 g	2 g

71 GEFÜLLTE SALSA-QUINOA-PAPRIKA

RAFAEL MCSTAN | HAUPTGERICHT

Dieses Gericht schmeckt wie ein mexikanischer Burrito in Paprikahülle. Die Quinoa, die Kidneybohnen und die Salsasauce sind für die Geschmacksverwandtschaft verantwortlich. Wer möchte, macht sich zu den gefüllten Paprika noch einen leckeren Feldsalat mit Avocado, Cherrytomaten, roten Zwiebeln und Gurken.

ZUTATEN
FÜR 2 PORTIONEN

- 125 g Quinoa
- Salz oder Gemüsebrühpulver
- 4 große Paprikaschoten
- 2 Frühlingszwiebeln
- 100 g Mais
- 100 g Kidneybohnen
- 150 ml Salsasauce
- 1 TL gemahlener Kreuzkümmel
- 1 TL Paprikapulver
- 1 TL Chilipulver

1. Quinoa nach Packungsanweisung kochen – entweder in Salzwasser oder für mehr Geschmack in Gemüsebrühe.

2. Einen Deckel von den Paprika abschneiden und die Kerne entfernen. Die Schoten innen und außen waschen. Den unteren Teil der Schoten etwas beschneiden, damit sie im Ofen nicht umkippen. Die Paprika sind nun zum Füllen vorbereitet.

3. Die Frühlingszwiebeln waschen, in Ringe schneiden und in einer Schüssel mit Mais, Kidneybohnen, Salsasauce und Quinoa mischen. Mit den Gewürzen abschmecken.

4. Die Paprika in eine geölte Auflaufform stellen und mit der Masse füllen. Die Füllung leicht andrücken.

5. Mit Alufolie abdecken und bei 180 °C Ober- und Unterhitze (160 °C Umluft) 40 Minuten backen. Dann die Alufolie entfernen und die Paprika ca. weitere 10 Minuten backen.

Nährwerte je Portion

KCAL	FETT	KH	Z	PROT	BS
511	7 g	88 g	33 g	17 g	22 g

72 BULGUR-SALAT

RAFAEL MCSTAN | HAUPTGERICHT

Bulgur muss nicht gekocht werden, sondern nur in heißem Wasser quellen. Das macht die Zubereitung supereinfach. Da man beim Bulgur das ganze Korn isst, nimmt man mehr Nährstoffe als bei stark verarbeiteten Weizenprodukten zu sich. Es ist ein bisschen wie bei Apfelschalen, in denen bis zu siebenmal mehr Vitamine und Mineralien als im Fruchtfleisch stecken.

ZUTATEN
FÜR 1 PORTION

125 g Bulgur
Salz
1 Paprikaschote
1 Frühlingszwiebel
3 EL Olivenöl
2 EL Zitronensaft
1 EL Tomatenmark
1 EL TK-Petersilie
Pfeffer

1. Den Bulgur in eine Schüssel geben und soviel heißes Wasser dazugeben, dass der Bulgur gerade bedeckt ist. Gut salzen und 10–20 Minuten (je nach Körnung des Bulgurs) quellen lassen. Der Bulgur ist fertig, wenn das gesamte Wasser aufgenommen ist.

2. In der Zwischenzeit die Paprika waschen, putzen und fein würfeln. Die Frühlingszwiebel waschen und in feine Ringe schneiden. Etwas von dem Öl in einer Pfanne erhitzen und Paprika und Frühlingszwiebel darin andünsten.

3. Das restliche Öl, Zitronensaft, Tomatenmark, Petersilie und das Gemüse unter den fertigen Bulgur rühren. Mit Salz und Pfeffer abschmecken.

TIPP

Wer mehr Hunger hat, macht sich mit 250 g Hähnchenbrust aus dem Salat ein Hauptgericht. Dazu das Fleisch mit 1 EL Öl und 1 TL flüssigem Honig anbraten, dann salzen und pfeffern, klein schneiden und zum Bulgursalat geben. Evtl. noch mit etwas Zitronensaft beträufeln.

Nährwerte je Portion

KCAL	FETT	KH	Z	PROT	BS
636	43 g	48 g	12 g	8 g	7 g

73 VEGGIE-QUINOA-WRAPS

RAFAEL MCSTAN | HAUPTGERICHT

Diese Wraps sind ein so einfaches, wie gesundes Gericht. Grünkohl wird dank seiner wertvollen Vitamine, Ballaststoffe und Aminosäuren nicht umsonst als Superfood der Kohl-Gemüse bezeichnet. Nicht-Vegetarier und Fisch-Fans können sich natürlich noch ihre liebsten Eiweiß-Lieferanten in den Tortilla rollen.

ZUTATEN
FÜR 4 WRAPS

- 80 g Quinoa
- Salz
- ½ Süßkartoffel
- 1 Möhre
- 50 g Champignons
- ½ Paprikaschote
- 1 Zwiebel
- 1 TL Kokosöl
- 100 g Grünkohl (Glas)
- 130 g Kichererbsen
- 4 Tortillas
- 100 g Hummus

1. Quinoa nach Packungsanleitung in Salzwasser kochen.

2. Süßkartoffel und Möhre schälen, in Würfel schneiden und in einem Topf mit heißem Wasser ca. 6 Minuten kochen. Dann das Wasser abgießen.

3. In der Zwischenzeit die Champignons waschen und in Scheiben schneiden. Die Paprika waschen, putzen und würfeln. Die Zwiebel schälen und würfeln.

4. In einer großen Pfanne das Kokosöl erhitzen und Süßkartoffel, Möhre, Pilze, Paprika und Zwiebel darin bei mittlerer Hitze 5 Minuten dünsten.

5. Grünkohl und Kichererbsen abgießen und mit gekochter Quinoa und 1 TL Salz unter das Gemüse rühren. Weitere 5 Minuten kochen, dabei regelmäßig umrühren.

6. Die Tortillas zubereiten (Mikrowelle: 20 Sekunden bei 700 Watt; Pfanne: 1 Minute auf jeder Seite; Backofen: 1 Minute bei 200 °C Ober- und Unterhitze).

7. Den Pfanneninhalt auf die Tortillas verteilen, die Tortillas aufrollen und mit dem Hummus servieren.

VARIATION

Wir haben unsere Wraps noch mit Hähnchen und Scampi gemacht, Thunfisch oder Räucherlachs passen auch sehr gut.

Nährwerte je Wrap

KCAL	FETT	KH	Z	PROT	BS
473	13 g	71 g	7 g	14 g	12 g

74 ZWIEBEL-BALSAMICO-DRESSING

RAFAEL MCSTAN | ZWISCHENMAHLZEIT

ZUTATEN
FÜR 2 PORTIONEN

150 g Feldsalat
1 rote Zwiebel
5 EL Balsamicoessig
4 EL Öl
2 EL mittelscharfer Senf
1 EL süßer Senf
1 EL flüssiger Honig
1 EL TK-Italienische-Kräutermischung
1 TL Salz

Jeder braucht seine Routinen, auch in der Küche. Salatdressings sind so ein Thema. Jeder hat seinen Dreh raus, viel Variation gibt es da nicht. Damit du auf neue Ideen kommst, haben wir hier eine zwiebelige Variante des klassischen Balsamico-Olivenöl-Dressings. Passt gut zu Feldsalat.

1. Die Zwiebel schälen, grob würfeln, mit allen anderen Zutaten (bis auf den Feldsalat) und 4 EL Wasser in einen Mixer geben und zu einem glatten Dressing verarbeiten.

2. Salat waschen, trocken schütteln, auf zwei Teller verteilen und mit dem Dressing anrichten. Wer mag, gibt noch etwas gemahlenen Pfeffer darüber.

KCAL	359	FETT	28 g
KH	19 g	Z	18 g
PROT	3 g	BS	2 g

Nährwerte je Portion

TIPP

Übriges Dressing kannst du problemlos einige Tage – in einem luftdichten und sauberen Gefäß – im Kühlschrank lagern.

75 TZATZIKI

ZUTATEN
FÜR 1 PORTION

½ Salatgurke
1 Knoblauchzehe
200 g griechischer Joghurt
1–2 EL Limettensaft
1 TL TK-Petersilie
Salz und Pfeffer

1. Die Salatgurke schälen und in feine Streifen schneiden. Die Knoblauchzehe schälen und durch die Knoblauchpresse drücken.

2. Mit allen anderen Zutaten mischen.

3. Mindestens 2 Stunden im Kühlschrank durchziehen lassen.

KCAL	267	FETT	19 g
KH	14 g	Z	13 g
PROT	8 g	BS	2 g

Nährwerte je Portion

76 — TO-GO-FRÜHSTÜCKSMUFFINS

RAFAEL MCSTAN | ZWISCHENMAHLZEIT

Herzhafte Frühstücksmuffins – klingt gut? Sind sie auch. Unsere Muffins sind quasi ein Reibekuchen-Rührei-Bacon-Frühstück in Form eines Mini-Kuchens. Alles in einem, einfach zuzubereiten und mit den perfekten Nährwerte aus 40 Prozent Kohlenhydraten, 40 Prozent Eiweiß und 20 Prozent Fett. Noch Fragen?

ZUTATEN
FÜR 6 MUFFINS

50 g Light-Schinkenwürfel

500 g Kartoffeln

1 TL Butter für die Formen

½ TL geriebene Muskatnuss

½ TL Paprikapulver

Salz und Pfeffer

6 Eier

½ rote Paprikaschote

170 g geriebener Light-Käse

1 Frühlingszwiebel

1. Den Ofen auf 200 °C Ober- und Unterhitze (180 °C Umluft) vorheizen.

2. Die Schinkenwürfel in einer Pfanne ohne Öl anbraten und beiseite stellen.

3. Die Kartoffeln schälen und grob reiben. Die Kartoffelmasse auf ein Geschirrtuch geben und fest eindrehen, sodass die Stärke und Flüssigkeit ausgedrückt werden.

4. Die Muffinformen leicht fetten. Böden und Seiten der Muffinformen mit der geriebenen Kartoffel auskleiden. Mit Muskat, Paprikapulver, Salz und Pfeffer würzen.

5. Ca. 10 Minuten goldbraun backen.

6. Währenddessen die Eier aufschlagen und verrühren, die Paprika waschen, putzen und in kleine Würfel schneiden und zusammen mit dem Käse und den Schinkenwürfeln zu den Eiern geben.

7. Die vorgebackenen Muffinnester aus dem Backofen nehmen und die Formen mit der Eier-Gemüse-Mischung füllen. Die Frühlingszwiebel waschen, in Röllchen schneiden und darauf verteilen.

8. Etwa weitere 10 Minuten im Ofen backen, bis die obere Schicht der Muffins schön kross ist.

Nährwerte je Muffin

KCAL	FETT	KH	Z	PROT	BS
243	11 g	15 g	2 g	19 g	2 g

77

RAFAEL MCSTAN | SNACK

ENERGIEKUGELN

Rawnies, Raw-Bites, Raw Energy Balls usw. sind Riegel und Pralinen aus naturbelassenen Zutaten für den kleinen Hunger und den Energieschub zwischendurch. Diese Energiekugeln versorgen dich mit gesunden Fetten, einer guten Portion Mineralstoffen wie Kalium und mit schnellen Kohlenhydraten. Aber aufpassen, die kleinen Dinger machen süchtig und sollten immer noch wie eine Nascherei behandelt werden.

ZUTATEN
FÜR 15 KUGELN

120 g Mandeln
120 g Cashewkerne
100 g getrocknete Cranberries
7 getrocknete Datteln
1 TL gemahlene Vanille

1. Die Mandeln und Cashewkerne in einem Mixer zerkleinern, aber nicht zu fein, sonst werden sie zu Mus.

2. Die übrigen Zutaten dazugeben und pürieren, bis eine homogene Masse entstanden ist. Die Masse zwischendurch, am besten mit einem Teigspatel, von den Seiten des Mixers schaben. Wenn sich Klumpen bilden, noch 1–2 EL Wasser dazugeben.

3. Die Masse in eine Schüssel geben, einmal durchkneten und dann aus jeweils 1 EL Masse Kugeln formen.

4. Die Kugeln luftdicht (z.B. in Frischhaltefolie) im Kühlschrank oder der Tiefkühltruhe aufbewahren.

Nährwerte je Kugel

KCAL	FETT	KH	Z	PROT	BS
128	8 g	11 g	8 g	3 g	2 g

78 QUINOA-PROTEINRIEGEL

RAFAEL MCSTAN | PRE-WORKOUT

Gepuffte Quinoa ist ideal, um Proteinriegel selbst zu machen. Sie ist glutenfrei, hat wenig Kalorien und viel Protein. Wenn du dir deine eigenen Riegel machst, kannst du dir sicher sein, dass sie im Gegensatz zu gekauften Müsliriegeln keine Zusatzstoffe enthalten. Eine kleine Schweinerei ist dieses Rezept trotzdem.

ZUTATEN
FÜR 6 RIEGEL

- 120 g Erdnussbutter
- 150 g gepuffte Quinoa
- 3 EL Agavendicksaft
- 40 g Proteinpulver

1. Den Ofen auf 180 °C Ober- und Unterhitze (160 °C Umluft) vorheizen.

2. Erdnussbutter im Wasserbad anwärmen.

3. Quinoa, Agavendicksaft, flüssige Erdnussbutter und Proteinpulver in einer Schüssel vermischen.

4. Alles in eine rechteckige Form füllen oder auf einem mit Backpapier ausgelegten Blech ca. 2 cm hoch verteilen.

5. Ca. 10 Minuten backen.

OPTIONAL

Wenn du den Riegel schichten möchtest, kannst du eine Erdnussbutter-Schicht einfügen. Dazu die flüssige Erdnussbutter nicht mit der Quinoa verrühren, sondern auf der ersten Hälfte der Quinoamasse verteilen und dann die zweite Quinoaschicht auftragen. Gut festdrücken!

TIPP

Für das Wasserbad bringst du etwas Wasser in einem Topf zum Kochen. Dann hängst du eine passende Schüssel mit der Erdnussbutter in den Topf, sodass kein Wasser in die Schale schwappen kann. So wird die Erdnussbutter sanft erwärmt – funktioniert natürlich auch mit Schokolade und in der Mikrowelle.

Nährwerte je Riegel

KCAL	FETT	KH	Z	PROT	BS
264	12 g	25 g	7 g	14 g	3 g

79 PROTEIN-DONUT-KUCHEN

RAFAEL MCSTAN | SNACK

Dieses Rezept funktioniert entweder mit einer speziellen Donutform, oder – wie wir es gemacht haben – in einer gewöhnlichen Backform. Das Ergebnis bleibt das gleiche: ein süßer Proteinsnack für zwischendurch. Auf deinen Donut-Kuchen kannst du dir eine Lasur aus Zartbitterschokolade machen. Lecker.

ZUTATEN
FÜR 1 KUCHEN

6 EL Haferflocken
1 TL Backpulver
40 g Proteinpulver
200 g fettarmer Joghurt
2 Eier
½ TL gemahlene Vanille
1 TL Butter

1. Den Ofen auf 170 °C Ober- und Unterhitze (150 °C Umluft) vorheizen.

2. Die Haferflocken im Mixer sehr fein mixen und in einer Schüssel mit dem Backpulver vermischen.

3. Die restlichen Zutaten hinzugeben und gut verrühren.

4. Den Teig in eine mit Butter gefettete Kasten- oder Donutform geben und ca. 15 Minuten im Ofen backen.

TIPP

Falls Dein Mixer bei der Zubereitung von Hafermehl (siehe Schritt 2) aufgrund der geringen Menge Probleme hat, kannst du auch gut eine größere Menge auf Vorrat zubereiten. Hafermehl lässt sich gut lagern (etwa 3 Monate in einem luftdichten Behälter, kühl im Schrank) und ebenso gut wie Weizenmehl verarbeiten.

Nährwerte je Kuchen

KCAL	FETT	KH	Z	PROT	BS
705	24 g	54 g	14 g	64 g	6 g

80

RAFAEL MCSTAN | SNACK

SCHOKO-ERDNUSS-EIS-MOUSSE

Bei dieser Mousse haben wir uns nicht umsonst an der berühmten Kombi aus Erdnüssen und Schokolade in einem beliebten Schokoriegel orientiert. Anders als bei selbst gemachtem Eis musst du nicht warten, sondern kannst direkt nach der Zubereitung reinhauen (wenn du daran gedacht hast, die Bananen in den Tiefkühler zu legen).

ZUTATEN
FÜR 2 PORTIONEN

3 Bananen
1 EL Erdnussbutter
30 g Proteinpulver
4 getrocknete Datteln
50 ml Mandelmilch,
30 g Zartbitterschokolade

1. Die Bananen für mehrere Stunden in den Tiefkühler legen.

2. Die gefrorenen Bananen schälen und mit Erdnussbutter, Proteinpulver, Datteln und Mandelmilch in einen Mixer geben.

3. Solange mixen, bis alles gut vermischt ist und eine eisartige Konsistenz angenommen hat. Gegebenenfalls kannst du noch etwas mehr Mandelmilch dazu geben. Die Masse in eine Schüssel geben.

4. Die Zartbitterschokolade mit einem Messer in feine Stückchen hobeln und in die Bananenmasse einrühren.

5. Wenn dir die Konsistenz bereits jetzt zusagt, genieße die Eis-Mousse sofort, ansonsten stellst du die Schüssel für mehrere Stunden in den Tiefkühler.

Nährwerte je Portion

KCAL	FETT	KH	Z	PROT	BS
444	15 g	61 g	40 g	19 g	7 g

81 LOW-CARB-MOHNKUCHEN

RAFAEL MCSTAN | SNACK

Du stehst auf Kuchen, aber möchtest nicht immer die gleichen Zuckerstücke backen? Vielleicht solltest du es dann mal mit diesem fast zuckerfreien Mohnkuchen probieren, der ganz und gar nicht nach Brot oder „gesund" schmeckt. Außerdem hat der Low-Carb-Mohnkuchen einen Proteinanteil von knapp 15 Prozent – das sollte auch alle Kraftsportfreunde überzeugen.

ZUTATEN
FÜR 1 KUCHEN

100 g Kokosmehl

100 g backfertiger gemahlener Mohn

100 g Butter plus etwas für die Form

3 Eier

1 TL Backpulver

2 EL Agavendicksaft

1. Den Ofen auf 180 °C Ober- und Unterhitze vorheizen (Umluft 160 °C).

2. Alle Zutaten zu einem Rührteig vermengen. In eine gefettete Backform geben.

3. Den Kuchen ca. 40 Minuten backen. Er ist fertig, wenn man mit einem Zahnstocher in die Mitte stechen kann, ohne dass Teig kleben bleibt.

TIPP

Falls du dich fragst, wo du backfertig gemahlenen Mohn bekommst: Im Supermarkt heißt der zum Backen vorbereitete Mohn je nach Anbieter Mohn-Back oder Mohn-Fix, zur Not einfach fragen.

UND NOCH WAS

Nach dem Abkühlen kannst du die Oberfläche des Kuchens mit geschmolzener Schokolade bestreichen und Kokosflocken oder Mandelsplitter darauf streuen.

Nährwerte je Kuchen

KCAL	FETT	KH	Z	PROT	BS
1729	122 g	115 g	101 g	55 g	52 g

82 PARANUSS-KNUSPERMÜSLI

RAFAEL MCSTAN | ZWISCHENMAHLZEIT

Die Müslis im Supermarktregal sehen oft lecker aus. Schaut man dann aber mal auf die Inhaltsliste und die Nährwerttabelle, bleibt einem oft nichts anderes übrig, als den Karton wieder zurückzustellen – Zucker, Zucker, Zucker. Mach dir dein Knuspermüsli lieber selber, dann weißt du, was du hast.

ZUTATEN
FÜR 1 BLECH

3 EL Kokosöl
5 EL flüssiger Honig
100 g Paranüsse
260 g grobe Haferflocken
50 g Kokosflocken

1. Den Ofen auf 180 °C Ober- und Unterhitze (160 °C Umluft) vorheizen.

2. Kokosöl und Honig in der Mikrowelle 15–30 Sekunden leicht anschmelzen. Das funktioniert ebenso gut in einer Pfanne, dauert nur etwas länger.

3. Die Paranüsse hacken. Geschmolzenen Honig und Kokosöl in einer großen Schüssel mit Haferflocken, Kokosflocken und den Nüssen mischen, bis alles gut von der Mischung umhüllt ist.

4. Alles möglichst flach auf einem mit Backpapier ausgelegten Blech verteilen.

5. 30 Minuten goldbraun backen und abkühlen lassen. Das Knuspermüsli wird beim Abkühlen fester.

6. Das abgekühlte Müsli luftdicht verschließen, so hält es sich bis zu einer Woche.

TIPP

Wenn du dein Müsli ein bisschen fruchtiger magst, kannst du kleingeschnittenes getrocknetes Obst wie Aprikosen oder Feigen untermischen. Oder du nimmst Goji-Beeren dazu und machst dir dein Superfood-Crunchy.

Nährwerte je Esslöffel

KCAL	FETT	KH	Z	PROT	BS
94	5 g	9 g	3 g	2 g	2 g

83 DINKEL-PFANNKUCHEN

RAFAEL MCSTAN | ZWISCHENMAHLZEIT

Dies ist ein Grundrezept für gesunde Pfannkuchen, das du als Basis für eine süße oder herzhafte Zwischenmahlzeit nehmen kannst, ganz nach Belieben. Mit Apfelmus oder mit Käse und Schinken gefüllt und zusammengeklappt, passen Pfannkuchen zum Frühstück genauso gut wie zum Abendessen. Probier's aus.

ZUTATEN
FÜR 6 PFANNKUCHEN

400 ml fettarme Milch
200 g Dinkelmehl
2 Eier
1 TL Backpulver
1 Msp. Butter

1. Alle Zutaten bis auf die Butter in einer Schüssel mit einem Schneebesen oder den Quirlen eines Rührgerät zu einem glatten Teig rühren.

2. Die Butter in eine heiße Pfanne geben und darin einen etwa handgroßen Pfannkuchen beidseitig backen.

3. Mit dem restlichen Teig ebenso verfahren (weitere Butter ist in der Regel nicht mehr nötig), bis der ganze Teig aufgebraucht ist.

TIPP

Etwa 50 ml (¼ Glas) Mineralwasser unter den Teig heben, dann werden die Pfannkuchen noch etwas fluffiger. Dafür entsprechend weniger Milch verwenden.

VARIATION

MUSKELAUFBAU

Athleten im Muskelaufbau oder mit einem erhöhten Proteinbedarf können 25 g Dinkelmehl mit 50 g Proteinpulver austauschen.

Nährwerte je Pfannkucher

KCAL	FETT	KH	Z	PROT	BS
178	4 g	27 g	4 g	9 g	4 g

84 RAFAEL MCSTAN | POST-WORKOUT

MASSEPHASE-ERDNUSS-SHAKE

Tagesrationen von 3.500 Kilokalorien sind für Männer in der Massephase keine Seltenheit. Wer nicht den ganzen Tag kauend verbringen möchte, der wird Nahrung auch in flüssiger Form zu sich nehmen. Dieser Shake ist genau das Richtige für dich, wenn du noch Kalorien nachschieben musst und Lust auf eine Energiebombe hast.

ZUTATEN
FÜR 2 PORTIONEN

1 Banane
200 g Magerquark
300 ml fettarme Milch
30 g Proteinpulver
2 EL stark entöltes Kakaopulver
2 EL Erdnussbutter
1 EL flüssiger Honig

1. Die Banane schälen, mit allen anderen Zutaten in den Mixer geben und durchmixen. Fertig.

TIPP

Wer es richtig wissen will, gibt zusätzlich noch 2–3 EL Proteinpulver, passenderweise mit Schokoladen- oder Vanillegeschmack und mehr Milch dazu.

Nährwerte je Portion

KCAL	FETT	KH	Z	PROT	BS
510	21 g	39 g	28 g	42 g	8 g

RAFAEL MCSTAN | ZWISCHENMAHLZEIT

KÖRNIGER FRISCHKÄSE IN SIEBEN VARIATIONEN

Körniger Frischkäse, auch Hüttenkäse genannt, ist jedem Sportler ein Begriff. Mit ca. 100 Kilokalorien auf 100 Gramm, davon nur 4,6 Gramm Fett, kaum Kohlenhydraten und 12,2 Gramm Eiweiß, ist er die perfekte Grundlage für gesunde Sandwiches und Saucen und eine leckere Beilage zu Kartoffel- oder Reisgerichten. Diese süßen und herzhaften Frischkäsemischungen passen neben zu vielen Gerichten als Beilage oder aufs Brot. Sie machen sich auch gut als kleine Zwischenmahlzeit nach dem Sport. Einfach alle Zutaten des Rezepts deiner Wahl gut vermischen, schon fertig!

86 MIT DATTELN

ZUTATEN FÜR 1 PORTION

1 Becher körniger Frischkäse
5 gehackte Walnüsse
3 kleingeschnittene getrocknete Datteln
1 EL flüssiger Honig

Nährwerte je Portion

KCAL	612	FETT	37 g
KH	39 g	Z	37 g
PROT	29 g	BS	5 g

85 MIT TOMATEN

ZUTATEN FÜR 1 PORTION

1 Becher körniger Frischkäse
50 g abgetropfte und fein gehackte getrocknete Tomaten in Öl
30 g Tomatenmark
½ TL Rosmarin
Salz und Pfeffer

Nährwerte je Portion

KCAL	320	FETT	16 g
KH	15 g	Z	14 g
PROT	26 g	BS	4 g

87 | MIT THUNFISCH

ZUTATEN
FÜR 1 PORTION

1 Becher körniger Frischkäse
1 Dose Thunfisch
1 fein gehackte Frühlingszwiebel
Pfeffer

Nährwerte je Portion

KCAL	349	FETT	10 g
KH	9 g	Z	6 g
PROT	55 g	BS	1 g

88 | MIT NÜSSEN

ZUTATEN
FÜR 1 PORTION

1 Becher körniger Frischkäse
20 g Kürbiskerne
20 g Pistazienkerne
1 TL Senf
1 EL flüssiger Honig
1 Spritzer Zitronensaft

Nährwerte je Portion

KCAL	504	FETT	29 g
KH	24 g	Z	21 g
PROT	35 g	BS	3 g

89 | MIT KRÄUTERN

ZUTATEN
FÜR 1 PORTION

1 Becher körniger Frischkäse
EL TK-Italienische-Kräutermischung
Pfeffer

Nährwerte je Portion

KCAL	204	FETT	9 g
KH	6 g	Z	6 g
PROT	23 g	BS	0 g

90 | MIT EIERN

ZUTATEN
FÜR 1 PORTION

1 Becher körniger Frischkäse
3 fein gehackte hart gekochte Eier
1 fein gehackte Frühlingszwiebel
1 EL fettarmer Joghurt
1 TL Senf
1 Prise Currypulver
Salz und Pfeffer

KCAL	482	FETT	28 g
KH	12 g	Z	10 g
PROT	46 g	BS	1 g

Nährwerte je Portion

91 | MIT MÖHREN

ZUTATEN
FÜR 1 PORTION

1 Becher körniger Frischkäse
1 geriebene Möhre
½ Bund in Röllchen geschnittener Schnittlauch
1 EL Zitronensaft
1 EL Leinöl
Salz und Pfeffer

Nährwerte je Portion

KCAL	369	FETT	24 g
KH	12 g	Z	11 g
PROT	24 g	BS	3 g

92 CHIA-LEINSAMEN-BROT

RAFAEL MCSTAN | ZWISCHENMAHLZEIT

Ein Superfood-Brot für alle Low-Carb-Freunde. Die Chiasamen enthalten Antioxidantien und Ballaststoffe und sind für ihre Quellfähigkeit bekannt. Gemeinsam mit den Leinsamen geben sie dem Brot Volumen, gleichzeitig enthalten sie wenige Kohlenhydrate. Von diesem Brot kannst du also ruhig mal eine Scheibe mehr essen. Schau dir am besten auch unsere selbstgemachten Brotaufstriche ab der nächsten Seite an.

ZUTATEN
FÜR 1 BROT

- 200 g Haferflocken
- 500 g Magerquark
- 5 Eier
- 100 g geschroteter Leinsamen
- 4 EL Chiasamen
- 1 Päckchen Backpulver
- 1 TL Salz

1. Den Ofen auf 180 °C Ober- und Unterhitze (160 °C Umluft) vorheizen.

2. Die Haferflocken im Mixer sehr fein mixen.

3. Alle Zutaten in einer großen Schüssel zu einem homogenen Teig vermengen.

4. Den Teig in eine mit Backpapier ausgelegte Kastenform füllen und das Brot ca. 1 Stunde backen.

TIPP

Du kannst dein Brot mit Oregano oder weiteren Zutaten wie Oliven und fein gehackten Schalotten würzen. Wenn du Oliven oder Schalotten hinzugibst, dann verlängere die Backzeit um 10 Minuten. Das Brot hält sich maximal 1 Woche, wenn es gut durchgebacken ist.

Nährwerte je Brot

KCAL	FETT	KH	Z	PROT	BS
2245	100 g	153 g	25 g	161 g	61 g

RAFAEL MCSTAN | ZWISCHENMAHLZEIT

BROTAUFSTRICHE

Deutschland hat eine weltweit einmalige Brotkultur, die sogar im Jahr 2014 von der UNESCO in das immaterielle Kulturerbe aufgenommen wurde. Achte beim Brotkauf darauf, dass es das Brot aus Vollkorn ist und nur einen geringen bis gar keinen Weizenanteil besitzt. Hast du dein Lieblingsbrot gefunden (oder selbst gebacken, zum Beispiel unser Chia-Brot auf dem Bild), dann bereite dir auchdiese gesunden und leckeren Brotaufstriche, ob süß oder pikant, selber zu. Unser Geheimtipp: Sultans Glück.

93 | AVOCADO-CREME

ZUTATEN
FÜR 1 PORTION

1 Avocado
1 EL Zitronensaft
Salz und Pfeffer

KCAL	278	FETT	25 g
KH	15 g	Z	2 g
PROT	3 g	BS	12 g

Nährwerte je Portion

1. Avocado schälen, Kern entfernen und das Fruchtfleisch in einer Schüssel mit einer Gabel zerdrücken.

2. Mit Zitronensaft, Salz und Pfeffer abschmecken. Wenn du magst, kannst du noch Paprikapulver hinzugeben.

94 | HUMMUS

ZUTATEN
FÜR 1 PORTION

1 Bund Petersilie
1 Knoblauchzehe
265 g Kichererbsen
3 EL Sesammus (Tahin)
2 EL Olivenöl
2 EL Zitronensaft
1 TL gemahlener Kreuzkümmel
1 TL Paprikapulver
Salz und Pfeffer

1. Petersilie waschen, abtropfen lassen und die Blätter abzupfen. Knoblauch schälen. Die Kichererbsen mit Petersilie, Knoblauch, Sesammus, Olivenöl und Zitronensaft in einen Mixer geben und zu einer cremigen Masse pürieren.

2. Mit den Gewürzen abschmecken.

KCAL	803	FETT	56 g
KH	37 g	Z	5 g
PROT	23 g	BS	33 g

Nährwerte je Portion

BROTAUFSTRICHE

95 | MÖHREN-FETA-STREICH

ZUTATEN

FÜR 1 PORTION

1 Möhre

½ Knoblauchzehe

100 g Feta

150 g Frischkäse

1 TL Leinöl

Salz und Pfeffer

1. Die Möhre schälen und in grobe Stücke schneiden. Den Knoblauch schälen.

2. Mit allen anderen Zutaten in den Mixer geben und pürieren. Am besten ist es, wenn man zuerst den weichen Frischkäse und den Feta in den Mixbecher gibt und dann die Möhrenstücke drauf. So fällt dem Mixer das Pürieren leichter.

KCAL	642	FETT	54 g
KH	11 g	Z	6 g
PROT	27 g	BS	3 g

Nährwerte je Portion

96 | SULTANS GLÜCK

ZUTATEN

FÜR 1 PORTION

100 g Feta

150 g Frischkäse

5 getrocknete Datteln

1 EL Currypulver

2 EL fettarme Milch

1. Feta zerbröseln und mit dem Frischkäse in einer Schüssel vermischen. Die Fetastückchen dürfen ruhig noch erkennbar sein.

2. Die Datteln fein schneiden und zusammen mit Curry und Milch zum Käse geben, alles miteinander verrühren.

KCAL	707	FETT	48 g
KH	38 g	Z	29 g
PROT	29 g	BS	5 g

Nährwerte je Portion

97 | NUSSMUS

ZUTATEN

FÜR 1 PORTION

100 g Haselnüsse

150 ml Mandelmilch

50 g Proteinpulver

2 EL stark entöltes Kakaopulver

2 EL Stevia-Streusüße

1. Nüsse in einer Pfanne ohne Fettzugabe rösten.

2. Alle Zutaten in einen Mixer geben und zu einer homogenen Masse verarbeiten. Vielleicht noch etwas Mandelmilch nachgießen, bis alles cremig ist.

KCAL	976	FETT	70 g
KH	27 g	Z	8 g
PROT	59 g	BS	18 g

Nährwerte je Portion

RAFAEL MCSTAN | ZWISCHENMAHLZEIT

BRÖTCHEN

Zwei Low-Carb-Brötchensorten für den schnellen Hunger zwischendurch, den Pausensnack oder das gesunde Wochenend-Frühstücksbuffet. Beide Brötchenarten basieren auf einem Quarkteig, sind also kohlenhydratarm und außerdem relativ schnell zubereitet. Wer mag, kann die Brötchen vor dem Backen etwas einschneiden und mit Körnern nach Wahl bestreuen.

98 | EIWEISSBRÖTCHEN

ZUTATEN

FÜR 6 BRÖTCHEN

3 EL Magerquark
2 EL Frischkäse
3 Eier
1 TL Backpulver
40 g geriebener Light-Käse
8 EL Flohsamenschalen
3 TL Chiasamen
3 TL geschrotete Leinsamen

1. Den Ofen auf 200 °C Ober- und Unterhitze (180 °C Umluft) vorheizen und ein Blech mit Backpapier auslegen.

2. Alle Zutaten in einer Schüssel gut miteinander vermengen, bis ein homogener Teig entstanden ist. Dann den Teig 15 Minuten quellen lassen.

3. Aus dem Teig sechs gleich große Kugeln formen, auf das Backpapier legen und ca. 35 Minuten backen, bis die Brötchen goldbraun sind.

Nährwerte je Brötchen

KCAL	112	FETT	7 g
KH	1 g	Z	1 g
PROT	9 g	BS	8 g

99 | QUARKBRÖTCHEN

ZUTATEN

FÜR 4 BRÖTCHEN

250 g Vollkorn-Weizenmehl
250 g Magerquark
50 g Sonnenblumenkerne
1 Ei
½ Päckchen Backpulver
1 TL Salz

1. Den Ofen auf 200 °C Ober- und Unterhitze (180 °C Umluft) vorheizen und ein Blech mit Backpapier auslegen.

2. Alles bis auf das Backpulver miteinander vermengen und zu einem Teig kneten. Das geht am besten mit einem Rührgerät, dann werden die Brötchen fluffiger. Am Ende das Backpulver hinzugeben und nur kurz einkneten.

3. Aus dem Teig zehn gleich große Brötchen formen, auf das Backpapier legen und ca. 20 Minuten backen, bis die Brötchen goldbraun sind.

Nährwerte je Brötchen

KCAL	137	FETT	4 g
KH	17 g	Z	1 g
PROT	8 g	BS	3 g

KÜCHEN-
STANDARDS

———

03

ALLES KANN, NICHTS MUSS

Tolle Rezepte, gesunde Zutaten, wichtige Nährstoffe und gutes Handwerkszeug – braucht man noch mehr für die Fitnessküche? Klar, denn genauso wichtig ist, dass du Spaß beim Kochen hast und deine Mahlzeit anschließend richtig genießen kannst. Gesundheit und Fitness haben eben nicht nur mit Body, sondern auch mit Soul zu tun.

Gut Kochen klappt immer dann am besten, wenn du Zeit dafür und Lust darauf hast – und wenn du dabei auch deine eigenen Ideen und deine Kreativität ausleben kannst. Mach es dir schön in deiner Küche, hör beim Kochen deine Lieblingsmusik und auf deinen Bauch und versuch öfter mal was Neues.

Nimm Rezepte mehr als Anregung und nicht als Anweisung, der du streng folgen musst. Mach ruhig was Eigenes nach deinem ganz persönlichen Geschmack daraus und sei kreativ. Wenn du es zum Beispiel richtig scharf magst, dann nimmst du einfach mehr Chili als angegeben. Oder dir fällt ein, zu einem bestimmten Gericht und deinem persönlichen Geschmack könnte Ingwer oder ein anderes Gewürz noch besser passen als das vorgesehene. Wahrscheinlich hast du Recht – probier es einfach aus!

Viele Tipps und Tricks in diesem Kapitel verraten dir, wie du dir das Kochen noch leichter machen kannst.

VIEL SPASS DABEI!

DIE BESTEN TIPPS FÜR KRÄUTER

Kräuter geben fast jedem Essen mehr Geschmack, sehen immer appetitlich aus und bringen ein paar Vitamine extra auf den Teller. Am besten schmecken sie frisch, aber wenn du einen ganzen Bund allein oder zu zweit nicht verbrauchen kannst, gibt es einige Tricks, ihr Leben zu verlängern:

- **Länger frisch halten:** Kräuter waschen, nur leicht trocken schütteln und noch feucht in einen Gefrierbeutel geben. Locker oder gar nicht verschließen und ab damit ins Gemüsefach des Kühlschranks.

- **In Öl einlegen:** Mediterrane Kräuter wie Rosmarin, Thymian und Oregano bleiben in Öl mehrere Monate aromatisch. Einfach hacken, in Schraubgläser füllen, gut mit Olivenöl bedecken und kühl stellen. Das Öl immer wieder nachfüllen!

- **Kräuter perfekt schneiden:** Blätter abzupfen und auf einem Schneidbrett mit dem Kochmesser hacken. Dabei mit einer Hand den Messergriff halten und mit der anderen leicht von oben auf die vordere Klinge drücken.

NO WASTE, VIEL TASTE...

Vieles, was normalerweise im Abfall landet, ist viel zu schade dafür. Super ist es, daraus was Leckeres zu machen. Probier es doch zum Beispiel mal damit:

KNABBERSNACK AUS MELONENKERNEN

In der Türkei, im Libanon und in Syrien liebt man Melonenkerne geröstet und gesalzen als eiweißreiche Knabberei. Zum Rösten eignen sich am besten größere Kerne. Du wäschst sie gründlich in einem Sieb und trocknest sie anschließend. Dann einfach in der trockenen Pfanne mit Salz rösten, bis sie duften.

Du kannst die fertigen Kerne entweder aus der Schale pulen oder du „knackst" sie mit den Zähnen und lutschst den weichen Kern heraus.

ZITRUSSCHALE ZUM BACKEN UND KOCHEN

Reste von Bio-Zitronen- oder Orangenschale mit dem Sparschäler dünn abziehen, trocknen und fein zerbröseln. Luftdicht im verschlossenen Schraubglas lagern und beim Backen einsetzen. Du kannst die fein zerbröselte Schale auch mit Meersalz mischen und als Gewürz für Fisch, Gemüse und Saucen verwenden.

LECKERES GRÜNZEUG

Die Blätter von Radieschen, Rettich, Brokkoli oder Kohlrabi enthalten jede Menge Vitamine und gesunde ätherische Öle. Wenn sie jung und frisch sind, kannst du sie super im Ganzen mit unter einen Blattsalat mischen. Größeres und festeres Grün einfach in feine Streifen schneiden oder hacken und damit Salat, Gemüse, Suppen oder Kräuterquark aufpeppen.

TAUSENDSASSA TOMATENMARK

Tomatenmark nennt man den Extrakt aus unter südlicher Sonne gereiften Tomaten, entsprechend intensiv schmeckt es. Eine Tube Tomatenmark im Vorrats- oder Kühlschrank ist darum der Geheimtipp für alle möglichen kulinarischen Fälle:

- Mit ein, zwei Teelöffeln Tomatenmark kannst du jede Sauce oder Suppe geschmacklich aufpeppen.

- Wenn du Fett einsparen willst, dann streich dir Tomatenmark statt Butter aufs Brot – schmeckt z.B. mit Käse klasse.

- Falls du weder frische noch Dosentomaten im Haus, aber Lust auf Pasta hast, ist Tomatenmark dein Retter: Zwiebel fein hacken, in Olivenöl glasig dünsten. Tomatenmark dazu, mit Gemüsebrühe glattrühren. Mit Salz, Pfeffer, einem Spritzer Zitrone, Curry oder Chiliflocken würzen und etwas einkochen. Hast du frische oder tiefgekühlte Kräuter parat, dann rühre sie jetzt unter. Abschmecken und frisch gekochte Pasta untermischen – fertig.

WAS KÖRNIGER FRISCHKÄSE ALLES KANN

Kein Wunder, dass die meisten Fitnessfans immer einen Becher körnigen Frischkäse, auch Hüttenkäse genannt im Kühlschrank haben: Er bringt Proteine, kaum Fett und schmeckt auch dann lecker, wenn du ihn einfach so löffelst. Da geht aber noch viel mehr! Aus körnigem Frischkäse wird im Handumdrehen eine gesunde süße Mahlzeit, zum Beispiel so:

... mit Zimt und einer Zucker-Alternative bestreuen und wie Milchreis essen.
... mit frisch gepresstem Saft von einer halben Orange und Orangenstückchen mischen.

Noch mehr Ideen für die Frischkäsezubereitung gibt es ab Seite 202.

DAS BESTE HANDWERKSZEUG FÜR DEINE FITNESSKÜCHE

Hast du schon mal versucht, mit einem stumpfen Messer eine Zwiebel fein zu würfeln oder in einer zerkratzten Pfanne Fisch zu braten, ohne dass er anhängt? Falls ja, ahnst du es sicher: Zum gesunden und entspannten Kochen gehört neben guten Zutaten auch das richtige Handwerkszeug. In diesem Kapitel erfährst du, welche Basics du brauchst und was du beim Kauf von neuem Equipment beachten solltest.

MUSS EIN MIXER SEIN?

Ob du einen Standmixer brauchst, hängt davon ab, was du gerne und oft zubereitest. Für püriertes Obst, Suppen, Saucen und Smoothies aus weichem Obst und Gemüse genügt ein Pürierstab. Gute Geräte für Einsteiger mit ausreichender Leistung (550 bis 700 Watt) gibt es schon ab etwa 30 Euro. Leistungsstärkere Pürierstäbe mit 750 Watt und mehreren Geschwindigkeitsstufen eignen sich auch für härtere Lebensmittel, manche kriegen sogar Nüsse und Eiswürfel klein.

Die bequemste und vielseitigste Lösung für alle Mix-Aufgaben ist ein Standmixer. Allerdings halten längst nicht alle Geräte das, was ihr Design und ihr meistens eher stolzer Preis versprechen. Vor allem für grüne Smoothies und für den sehr häufigen Einsatz geht es beim Mixer nicht ohne einen starken Motor. Minimum sind 1000 Watt Leistung, besser sind 1200 Watt oder noch mehr.

Gerade dann, wenn du viele grüne Smoothies mixen möchtest, spielt neben der Watt- auch die Drehzahl eine ganz entscheidende Rolle. Achte darauf, dass der Hersteller mindestens 23.000 Umdrehungen pro Minute angibt. Sieh dir im Laden auch an, wie schwer das Auseinander- und Zusammenbauen der einzelnen Teile ist und wie leicht sie sich spülen lassen.

ZWEI GUTE MESSER – MEHR BRAUCHST DU NICHT!

Messerblöcke mit acht und mehr Messern machen was her – aber sie sind entweder teuer oder sie taugen wenig. Und notwendig sind sie sowieso nicht, denn für deine Fitnessküche genügen zwei Messer:

- **Officemesser:** Klein und vielseitig! Damit kannst du schälen, verzieren und Gemüse oder Obst in feine Würfel oder Streifen schneiden.

- **Kochmesser:** Das perfekte Allroundtalent für alle Fälle – die lange, schwere Klinge schneidet Gemüse, Fleisch, Fisch und vieles mehr zuverlässig und mühelos. Das Kochmesser eignet sich außerdem perfekt zum Hacken von Kräutern.

SO FINDEST DU DIE PERFEKTE PFANNE

Eine richtig gute Pfanne ist nicht billig, hält dafür aber lange: Stimmt die Qualität nicht, nützen dir die besten Zutaten wenig, weil sie beim Braten hängen bleiben oder sogar zerfallen. Also lieber etwas mehr investieren und vor dem Kauf überlegen, welche Pfanne zu dir und deinen Kochgewohnheiten passt.

■ DU BRÄTST GERNE MAL STEAKS ODER SCHNITZEL?

Dann schau dich nach einer Pfanne aus Eisen um: Sie lässt sich sehr hoch erhitzen und sorgt für eine tolle Kruste bei Gebratenem. Ganz wichtig: Eine Eisenpfanne musst du erst mal „einbrennen", damit sie eine dunkle Patina bekommt. Die Anleitung dafür liegt bei hochwertigen Pfannen immer dabei.

■ BEI DIR KOMMEN VOR ALLEM FISCH UND EIER AUF DEN TISCH?

Besonders wichtig ist in diesem Fall eine Pfanne mit guter Antihaft-Beschichtung. Zwei Möglichkeiten gibt es: Pfannen mit Teflon-Schicht sind pflegeleicht und eher günstig; allerdings darfst du sie nicht zu stark erhitzen und nie mit Metallgerätschaften darin arbeiten. Etwas robuster und auch problemlos hoch erhitzbar sind Pfannen mit Keramik-Beschichtung. Die Antihaftwirkung ist nicht ganz so gut wie bei Teflon, dafür reagiert die Oberfläche aber nicht so empfindlich, wenn du mal mit einem Metall-Pfannenwender darin werkelst.

■ AM LIEBSTEN GARST DU GEMÜSE UND RAGOUTS?

Wenn du selten oder nie scharf anbrätst, sondern eher dünsten und schmoren willst, ist eine Edelstahlpfanne mit Deckel die perfekte Lösung. Ist sie hoch genug, kannst du darin auch Gerichte mit viel Sauce zubereiten.

■ FÜR DICH GEHT NICHTS OHNE ASIATISCHE KÜCHE?

Für Pfannengerichte nach asiatischer Art kannst du ruhig ebenfalls eine hohe Edelstahlpfanne nehmen. Kochst du regelmäßig asiatisch, lohnt sich die Anschaffung eines Woks. Sein Vorteil: Große Fettmengen sind überflüssig, weil du darin die kleingeschnittenen Zutaten bei hoher Temperatur unter ständigem Wenden in wenigen Minuten garst (die Methode nennt man „Pfannenrühren").

DAS IST AUSSERDEM WICHTIG BEIM PFANNENKAUF:

• Damit die Pfanne Hitze gut aufnimmt und gleichmäßig verteilt, sollte sie einen sehr planen Boden haben, der auf dem Herd vollständig aufliegt.

• Die ideale Pfanne ist nicht zu schwer – aber auch nicht zu leicht, weil darin richtiges Braten kaum ohne Anbrennen klappt. Probiere deine Favoriten am besten im Laden aus, so merkst du, welche dir gut in der Hand liegen.

• Vorsicht, wenn du einen Induktionsherd hast: Nicht alle Pfannen sind dafür geeignet, also lass dich beim Kauf beraten.

DAS GEHÖRT IN DIE FITNESSKÜCHE...

Gut und gesund essen ist teuer und kostet viel Zeit? Von wegen: Für die meisten Rezepte in diesem Buch brauchst du nur „ganz normale" Lebensmittel, die es oft beim Discounter besonders günstig gibt. Bevor du startest, sichtest du am besten deine Vorräte und machst dir eine Liste mit allem, was du besorgen willst. Ein gut durchdachter Vorrat spart viel Zeit und ist die beste Basis für immer wieder neue leckere Fitness-Gerichte.

Vielleicht musst du, je nach deiner bisherigen Vorratshaltung und Kochgewohnheit, einen Großeinkauf starten. Aber dafür hast du dann fast alles parat, was du zum Kochen brauchst, vieles auf längere Dauer.

Wenn du deinen Vorrat auf Vordermann gebracht hast, brauchst du nur zwischendurch Frisches wie Fleisch, Fisch, Gemüse und Obst sowie eventuell besondere Zutaten für bestimmte, ausgefallenere Rezepte zu kaufen.

Übrigens haben auch Gemüse und Obst aus dem Tiefkühlfach einen verdienten Platz in deiner Fitnessküche, wenn sie unverarbeitet sind – also z. B. ohne Saucen und Butter. Sie werden reif geerntet, direkt nach der Ernte vorbereitet, sofort schockgefroren und sind sogar oft vitaminreicher als vermeintlich frische Ware, die schon tagelang im Laden liegt. Außerdem machen Tiefkühlobst und -gemüse dich unabhängiger vom täglichen Einkaufen und sind super, wenn du spontan was Frisches brutzeln willst..

DAS GEHÖRT NICHT IN DIE FITNESSKÜCHE!

Beim Lesen der Vorratsliste ist dir vielleicht schon aufgefallen, dass die darin aufgeführten Lebensmittel, bis auf ganz wenige Ausnahmen wie Senf, naturbelassen sind. Das hat einen ganz einfachen Grund: Je „purer" ein Nahrungsmittel, desto gesünder ist es.

Du kannst genau beurteilen, was du zu dir nimmst, und du entscheidest selbst, wie viele und welche Nährstoffe deine Mahlzeit enthält. Außerdem lassen dir solche Lebensmittel viel mehr Spielraum, kreativ zu sein und immer wieder neu damit zu kochen.

Check' also deine alten Vorräte mal kritisch durch: Wenn du bisher Fertiggerichte wie Ravioli, Nudelpfannen oder Eintöpfe im Schrank oder im Tiefkühlfach hattest, sortiere sie aus und besorge davon möglichst keinen Nachschub mehr. Das gleiche gilt für Fertig-Backmischungen, Fertig-Desserts und industriell hergestellte Kuchen.

…UND SO KAUFST DU RICHTIG EIN

5 GRUNDREGELN FÜR DEINEN EINKAUF

Ob es jetzt um deinen Vorrat an Grundnahrungsmitteln und Grundzutaten geht oder um frische Zutaten, die du zusätzlich brauchst: Mit ein bisschen Planung und durch die einfachen Zutatenlisten der Rezepte in diesem Buch ist der Einkauf schnell erledigt. Nimm dir aber trotzdem so viel Zeit dafür, dass du typischen Einkaufsfallen im Supermarkt aus dem Weg gehen und genauer hingucken kannst. Ein paar Grundregeln machen es dir einfacher:

1. Lass alle Regale und Truhen mit Fertig- und Halbfertigprodukten nach Möglichkeit links liegen. Falls du doch was Vorgekochtes möchtest, schau dir die Zutatenlisten genau an und entscheide dann. Vielleicht bekommst du angesichts der vielen Zusatzstoffe aber doch Lust, selber zu kochen.

2. Wenn du gerne Fruchtjoghurt und Quarkspeisen magst: Kauf sie nicht fertig zubereitet, sondern nimm lieber Naturjoghurt und Quark pur. Frisches Obst oder mit dem Mixstab pürierte Beeren und etwas Honig oder Zucker sind zu Hause im Handumdrehen untergemischt.

3. Greif auch bei anderen Milchprodukten besser zum Naturprodukt: Reine Buttermilch ist gesünder als Zubereitungen mit Fruchtgeschmack und Zucker; reine Sahne passt besser in die Fitnessküche als „Schlagcreme" und andere sahneähnliche Produkte.

4. Falls du vegan lebst: Bevorzuge bei Milchalternativen aus Soja, Reis usw. nach Möglichkeit die „Natur"-Version und gib ihr zu Hause mit Zutaten wie Obst, Nüssen oder Gewürzen Geschmack.

5. Lies bei verpackten Lebensmitteln die Zutatenliste auf dem Etikett: je kürzer sie ist, desto besser. Achte darauf, dass möglichst keine Zusatzstoffe wie Farbstoffe (E-Nummern), Konservierungsstoffe usw. auf der Zutatenliste stehen.

DAS SOLLTEST DU IM HAUS HABEN:

- Vollkornnudeln
- Naturreis
- Couscous/Bulgur
- Haferflocken
- Kichererbsen
- Kidneybohnen
- Linsen
- Vollkorn-Dinkel- oder -Weizenmehl
- Backpulver
- Nüsse/Mandeln
- Erdnussbutter
- Honig und/oder Agavensirup
- Trockenfrüchte (Cranberries, Feigen, Datteln)
- Kakaopulver
- Apfelessig
- Balsamicoessig
- Senf
- Tomatenmark
- Passierte Tomaten
- Rapsöl
- Olivenöl
- Gewürze: Salz, Pfeffer, Paprika, getrocknete Kräuter
- Zwiebeln
- Knoblauch
- Magerquark und fettarmer Frischkäse
- körniger Frischkäse
- Käse (z. B. Harzer, Parmesan, Schnittkäse, Mozzarella, Feta)
- Butter
- Naturjoghurt (1,5 oder 3,5 Prozent Fett)
- Buttermilch (ohne Zusätze)
- Eier
- Möhren
- Kartoffeln
- Süßkartoffeln
- Äpfel
- Bananen

DAS SOLLTEST DU IM TIEFKÜHLFACH HABEN:

- Erbsen (oder Erbsen-Möhren-Mischung)
- Kräuter (Petersilie, Schnittlauch, gemischte Kräuter)
- Brokkoli
- Blattspinat
- Beerenmischung
- Fisch nach deinem Geschmack (z.B. Lachs)

WAS IST MIT ZUCKER?

Bei Fitness-Fans und Figurbewussten hat Zucker nicht gerade den besten Ruf. Tatsächlich erklärt auch die Weltgesundheitsorganisation (WHO) Zucker zu einem der Dickmacher Nummer eins und empfiehlt sechs Teelöffel (= 25 Gramm) pro Tag als Maximum. Die Deutsche Gesellschaft für Ernährung (DGE) sieht das deutlich lockerer: Nach ihren Richtlinien sind bis zu 60 Gramm Zucker am Tag unbedenklich, denn einen Zusammenhang zwischen Zucker und Übergewicht halten die DGE-Experten für nicht bewiesen.

Der tatsächliche Verbrauch liegt aber pro Kopf mit etwa 100 Gramm fast doppelt so hoch. Zucker zu reduzieren, ist also für die meisten von uns durchaus angesagt und tut der Gesundheit auf jeden Fall gut. Schließlich liefert Zucker leere Kalorien; er enthält keine Vitamine, keine Nährstoffe und macht auch nur kurzfristig satt. Du hast einfach mehr davon, wenn du deinen Zuckerkonsum in Maßen hältst.

SO KANNST DU ZUCKER GANZ ERSETZEN

Zucker zu reduzieren, ist auf jeden Fall gut für deinen Körper. Du kannst ihn aber selbstverständlich auch ganz weglassen, wenn du möchtest.

SUPER SÜSSKRAFT UND GUT LÖSLICH: STEVIA

Stevia ist vegan, fast kalorienfrei und süßt ungefähr 300 mal so intensiv wie Zucker. Dosiere das Pulver darum sehr vorsichtig, sonst wird's leicht allzu süß und lakritzartig, was nicht jeder mag.

HONIG: EINE GESUNDE ALTERNATIVE?

Für einige der Rezepte brauchst du Honig. Das hat eher geschmackliche und keine gesundheitlichen Gründe, auch, wenn viele Honig für gesünder halten. Was die meisten nicht wissen: Auch Honig besteht überwiegend aus Zucker, und zwar zu 80 bis 85 Prozent. Wahr ist, dass er auch ein paar Vitamine, Mineralstoffe und Enzyme enthält. Allerdings kommen diese gesunden Inhaltsstoffe in so geringen Mengen vor, dass sie nicht wirklich eine Rolle spielen.

ZUCKER AUF DER ZUTATENLISTE ENTTARNEN

Du möchtest deinen Zuckerkonsum in Maßen halten und darum bevorzugt Lebensmittel kaufen, die zuckerfrei sind? Vorsicht: Die Angabe „zuckerfrei" auf Verpackungen bedeutet nur, dass in dem jeweiligen Produkt kein Haushaltszucker bzw. Industriezucker enthalten ist – andere Zuckerarten können aber sehr wohl drin stecken!

Je nach Zuckerart gibt es unterschiedliche Bezeichnungen, die es oft schwer machen, ein zuckerhaltiges Produkt zu erkennen. Süßungsmittel können sich hinter insgesamt etwa 70 verschiedenen Namen verstecken! Zutaten mit der Endung -ose und -sirup sind generell verdächtig. Hier ein Blick auf mögliche Deklarationen auf das Zutatenliste:

Glukose und Dextrose:
Hier handelt es sich um zwei verschiedene Namen für Traubenzucker
Fruktose:
Dasselbe wie Fruchtzucker
Saccharose:
Ganz normaler Haushaltszucker
Kristallzucker:
Hinter diesem Begriff steckt ebenfalls Haushaltszucker
Maltose:
Ein anderer Name für Malzzucker
Maltodextrin:
Mit Traubenzucker verwandter (Diabetiker-)Diätzucker, der häufig als Füllmittel für Streusüße verwendet wird
Malzextrakt:
Meist aus Gerstenmalz hergestellter Sirup
Invertzuckersirup:
Ausgangssubstanz für diesen Sirup ist Stärke

WERBUNG UND WAHRHEIT BEIM FETTGEHALT

„FETTFREI" ODER „OHNE FETT"

Die Deklarierung ist zum Beispiel bei Fruchtsaft oder Apfelmus typisch – und noch nicht einmal gelogen. Der Hinweis ist aber genau gesehen überflüssig: Es trifft zwar zu, dass das Lebensmittel nur die erlaubten 0,5 Gramm Fett pro 100 Gramm oder Milliliter enthält, **aber Vorsicht:** Diese Lebens- und Genussmitteln sind von Natur aus frei von Fett. Die Werbeaussage ist also ein – zwar erlaubter – Psycho-Trick. Dafür steckt aber unter Umständen viel Zucker darin.

„FETTARM"

Milch und Milchprodukte, Wurst und Schinken – fast alles, was normalerweise viel Fett enthält, bekommst du inzwischen auch in der „fettarmen" Variante. **Das geht in Ordnung:** Tatsächlich darf die Fettmenge höchstens drei Gramm pro 100 Gramm festem Lebensmittel bzw. 1,5 g pro 100 ml Flüssigkeit nicht übersteigen.

„FETTREDUZIERT"

Lebensmittel wie Wurst, Schinken und Milchprodukte mit dieser Bezeichnung müssen mindestens 30 Prozent weniger Fett enthalten als vergleichbare, nicht fett reduzierte Produkte. Beispiel: Eine normale Salami hat im Durchschnitt mindestens etwa 40 Prozent Fett; fettreduziert darf sie es auf höchstens 25 Prozent bringen. **Aber Achtung:** „fettreduziert" heißt noch lange nicht „fettarm"! Auch mit „nur" 25 Prozent Fett bringt es z. B. die Salami mit durchschnittlich 280 kcal noch auf einen sehr viel höheren Energiegehalt als Kochschinken oder Geflügelaufschnitt.

„KALORIENARM" ODER „ENERGIEARM"

Wenn Hersteller damit werben, geht es so gut wie immer um zubereitete Lebensmittel und Fertiggerichte, z.B. Nudelpfannen, Gemüsemischungen oder Fruchtjoghurts. Als „kalorienarm" darf ein Produkt nur bezeichnet werden, wenn es als festes Lebensmittel höchstens 40 kcal pro 100 Gramm oder als flüssiges Lebensmittel nicht mehr als 20 kcal je 100 Milliliter enthält. **Allerdings:** Um normalerweise eher gehaltvolle Gerichte und Lebensmittel „schlanker" zu machen, sind in der Regel jede Menge Zusatzstoffe und chemische Tricks nötig – fast immer also definitiv nichts für die Fitnessküche!

FETTSTUFEN UND FETTGEHALT BEI KÄSE

Ob von der Theke oder aus dem Kühlregal: Auf verpacktem Käse ist der Fettgehalt immer mit dem Kürzel „Fett i. Tr." versehen – und das kann ganz schön in die Irre führen. Denn der wirkliche, auch „absolut" genannte Fettgehalt liegt deutlich niedriger.

Fett i. Tr. ist die Kurzform für „Fett in der Trockenmasse". Was das bedeutet? Milch, die Grundsubstanz für Käse, besteht neben Fett, Eiweiß, Mineralstoffen, Vitaminen und Milchzucker auch aus einem beträchtlichen Anteil an Wasser. Beim Reifeprozess verdunstet dieser Wasseranteil in ganz unterschiedlichen Mengen – bei Weichkäse weniger, bei Hartkäse mehr. Unabhängig vom zurückbleibenden Wasseranteil wird der Fettanteil aber nur in der Trockenmasse gemessen. Der absolute Fettanteil des Käses ist also niedriger – je mehr Wasser der Käse noch enthält, desto stärker weicht er von der Angabe für „Fett i.T r." ab.

Das macht ein bewusstes Einkaufen etwas kompliziert, denn wer weiß schon, welcher absolute Fettgehalt hinter dem geheimnisvollen Kürzel steckt! Es bringt auch wenig, wenn du grundsätzlich zu Käse mit niedrigen Werten von Fett in der Trockenmasse greifst.

Ein Beispiel: Ein Camembert oder Brie mit 60 oder 75 Prozent Fett i. Tr. kann – absolut gesehen – fettärmer sein als ein Hartkäse mit 45 oder 55 Prozent Fett i. Tr. Das klingt verwirrend und ist es auch. Mit folgenden Umrechnungsformeln für verschiedene Käsearten kannst du dir ein wenig mehr Klarheit verschaffen:

KÄSEART	FETT i.Tr. multiplizieren mit	BEISPIEL	ABSOLUTER FETTGEHALT
Frischkäse	0,3	60 % Fett i. Tr. x 0,3	18 Prozent
Weichkäse	0,5	75 % Fett i. Tr. x 0,5	37,5 Prozent
Schnittkäse	0,6	45 % Fett i. Tr. x 0,6	27 Prozent
Hartkäse	0,7	55 % Fett i. Tr. x 0,7	39 Prozent

NÄHRSTOFFE

———

04

WARUM WASSER
SO WICHTIG IST

Wasser braucht unser Körper fast so dringend zum Überleben wie Sauerstoff. Wir können relativ lange ohne Nahrung überleben, ohne Wasser aber nur maximal vier Tage. Spätestens dann geht nichts mehr und der Kreislauf bricht zusammen, denn nur Wasser verdünnt das Blut und hält es ausreichend flüssig, sodass es lebenswichtige Stoffe wie Mineral- und andere Nährstoffe im Körper transportieren kann. Wasser versorgt – neben dem Blut – auch unsere Organe mit Nährstoffen und Sauerstoff. Es regelt außerdem unsere Verdauung, den Temperaturausgleich im Körper und, den Abbau von Giftstoffen. Es sorgt für die Produktion von Körperflüssigkeiten (Blut, Lymphe, Speichel, Magensaft usw.) und vieles mehr. Was für eine wichtige Bedeutung Wasser für uns hat, merken wir gerade auch beim Sport ziemlich bald, denn ohne dieses Lebenselixier läuft auch im Studio nicht viel. Ach ja: und den Durst löscht es auch noch ganz nebenbei, schnell und ohne Zusätze oder Kalorien.

Wenn du dich zum Beispiel öfter mitten im Workout schlapp fühlst und hinterher geschafft bist, dann liegt es höchstwahrscheinlich daran, dass du einfach zu wenig trinkst. Kann nicht sein, denn du schluckst schon brav die normalerweise für erwachsene Männer empfohlenen zweieinhalb Liter täglich? Das ist super, reicht aber leider nicht! Denn selbst im Ruhezustand (also zum Beispiel im Liegen oder Sitzen) verliert dein Körper allein über die Atmung und die Haut ungefähr eineinhalb Liter Wasser pro Tag.

Wer sich sehr eiweißreich ernährt, sollte übrigens noch genauer auf seine Trinkmenge achten, um seine Nieren zu schützen. Denn je mehr Protein aufgenommen wird, desto mehr Harnstoff (Urin) muss gebildet werden, um die Abfallprodukte bei der Verdauung von Eiweiß abzutransportieren.

Sobald du aufstehst und dich bewegst, steigt der Standby-Verbrauch an. Jede körperliche Aktivität, und sei sie noch so gering, wie Gehen, Hausarbeit, Biken, Kochen, am PC arbeiten usw. kostet weitere Flüssigkeit. Wenn du trainierst, erhöht sich dein Wasserbedarf natürlich noch mehr: Schon bei einem Training von mittlerer Intensität wie dem langsamen Kraftausdauertraining an Geräten verliert dein Körper durch Schwitzen und Atmung bis zu einen Liter Wasser pro Stunde.

Bereits jetzt kann es zu einem Leistungsabfall von bis zu zehn Prozent kommen, wenn du den Verlust nicht ausgleichst. Wenn du sehr intensiv trainierst, zum Beispiel mit Gewichten oder beim Spinning, kann sich der Wasserverlust rasant weiter erhöhen und pro Stunde sogar bei zwei bis drei Litern liegen. Dabei geht übrigens nicht nur Flüssigkeit verloren – auch Mineralstoffe wie zum Beispiel Magnesium oder Natrium, die für deine Muskelfunktion und Stoffwechselprozesse große Bedeutung haben, werden mit ausgeschieden.

SO VIEL WASSER BRAUCHST DU WIRKLICH

Wenn du genau wissen willst, wieviel Flüssigkeit du beim Trainieren verlierst und durch mehr Trinken ausgleichen solltest, kannst du das ganz einfach herausfinden: Stell dich vor und nach dem Workout ohne oder in trockenem Outfit auf die Waage. Du wirst feststellen, dass du nach dem Training weniger wiegst. Das Ergebnis ist die Basis zur Berechnung nach einer einfachen Formel:

Gewicht vor dem Training [in kg]
- Gewicht nach dem Training [in kg]
+ getrunken beim Training [in Liter]
= Flüssigkeitsverlust durch Schwitzen

Beispiel: Vor dem Training zeigt die Waage 70 kg an, danach nur noch 69 kg. Das entspricht einem Verlust von 1.000 g. Während des Trainings hast du 400 ml Wasser getrunken, die du nun zum Verlust addierst. Das Ergebnis beträgt in diesem Fall 1.400 g – du musst also knapp eineinhalb Liter trinken, um deinen Wasserhaushalt wieder ins Lot zu bringen.

Dies ist wie gesagt nur ein Beispiel. Wundere dich nicht, wenn der Zeiger der Waage nach einem Workout sogar bei zwei oder drei kg weniger steht. Der Wasserverlust beim Sport kann individuell sehr unterschiedlich sein und hängt außerdem von Faktoren wie Intensität und Dauer des Trainings ab. Auch die Temperatur spielt eine Rolle: Bei hohen Temperaturen verlierst du natürlich mehr Wasser.

DAS BRINGT WASSER KONKRET FÜR DEINE FITNESS

Versorgt uns nur Wasser mit Flüssigkeit? Natürlich nicht. Aber trotzdem tust du das Beste für deinen Körper und für deine Fitness, wenn du Wasser trinkst. Das kann Leitungswasser sein, die optimale Wahl ist aber Mineralwasser: Wie sein Name schon andeutet, enthält es wichtige Mineralstoffe. Sie versorgen den Organismus mit dem, was er außer der puren Flüssigkeit speziell beim Sport braucht und ersetzen die durch Schwitzen entstehenden Verluste.

Es ist also für deine Gesundheit und deine Leistungsfähigkeit wichtig, genug zu trinken und dazu die entstehenden Verluste durch Trinken auszugleichen. Stimmt deine Flüssigkeitsbalance, wirst du on top aber noch belohnt, denn Wasser bringt gerade auch beim Sport kurzfristig fühl- und sichtbare Erfolge:

- Wasser kurbelt den Eiweiß- und Fettstoffwechsel in der Leber an und beschleunigt so den Abbau von Körperfett. Ganz nebenbei dämpft Wasser auch Hungergefühle, trägt also dazu bei, dass du weniger Kalorien aufnimmst.

- Muskeln bestehen zu etwa 70 Prozent aus Wasser – wenn du Muskeln aufbauen willst und ein sichtbares und nachhaltiges Wachstum von Muskelmasse erhalten möchtest, ist viel Trinken optimal.

- Du hältst mit Wasser nicht nur dein Workout besser durch, sondern erholst dich auch schneller von der Anstrengung. Außerdem trägt ausreichendes Trinken dazu bei, dass du weniger Muskelkater bekommst.

- Du mochtest bisher am liebsten Mineralwasser mit Kohlensäure? Dann versuch dich umzustellen: Stilles Wasser entlastet Magen und Darm gerade auch beim Trainieren einfach besser.

- Mit Wasser hilfst du deinem Körper, auch bei extremen Anstrengungen im wahrsten Sinn des Wortes cool zu bleiben, denn es wirkt – vereinfacht ausgedrückt – wie eine natürliche innere Klimaanlage.

SO VERSORGST DU DEINEN KÖRPER OPTIMAL MIT WASSER

Viel trinken ist gut, aber nicht nur die Menge macht's. Damit dein Körper und du sich rundum fit und wohl fühlen, kommt es auch drauf an, wann und wie du trinkst. Idealerweise füllst du die Flüssigkeitsspeicher schon eine halbe Stunde vor dem Training mit etwa einem halben Liter Wasser auf. Bei längerem oder besonders intensivem Training und wenn du stark ins Schwitzen kommst, solltest du auf jeden Fall während des Trainings alle 15 bis 20 Minuten etwa 200 ml Wasser oder Saftschorle in großen Schlucken trinken.

Flüssigkeitsnachschub ist ebenso nach dem Training wichtig, selbst dann, wenn du erst mal keinen Durst hast – weil deine Mineralstoffspeicher brauchen ein Update. Eine Saftschorle passt darum als Getränk nach dem Workout perfekt.

WIE DEIN KÖRPER AUSREICHEND FLÜSSIGKEIT BEKOMMT

Falls dir das viele Trinken schwer fällt, gibt's eine gute Nachricht: Erstens trägt nicht nur Wasser zu einer ausgeglichenen Flüssigkeitsbalance bei, sondern auch andere Getränke wie Kaffee, Tee und Säfte zählen mit. Alkohol ist allerdings zu jeder Zeit für dich ungünstig, auch wenn die „grüne Sporttasche", wie die Kiste Bier gerne genannt wird, selbst bei engagierten Athleten keine Ausnahme ist. Neben der Masse an Kalorien wirkt Hochprozentiges entwässernd und spült Flüssigkeit sowie wichtige Nährstoffe aus dem Organismus. Parallel steigt mit wachsendem Konsum die Gewebeschädigung und der Erholungseffekt sinkt.

Zweitens musst du nicht die ganze vom Körper benötigte Flüssigkeit in flüssiger Form aufnehmen. Denn auch in fester Nahrung, vor allem in Obst und Gemüse, steckt Wasser – in manchen Sorten wie Gurken, Wassermelonen oder Tomaten bis zu 90 Prozent. Und wenn du öfter mal eine Suppe isst, ein Glas Milch oder einen Smoothie trinkst oder einen Joghurt löffelst, kannst du das darin enthaltene Wasser natürlich auch deinem Flüssigkeitskonto gutschreiben.

WIR HABEN MAL EINE KLEINE BEISPIELRECHNUNG GEMACHT:

Wenn du entsprechend isst, lässt sich von deinem Tagessoll an Flüssigkeit ungefähr ein Liter abziehen. Trinkst du morgens zwei Tassen Tee oder Kaffee, gehen noch mal etwa 400 ml von deiner Rechnung ab. Übrig bleibt eine schon deutlich überschaubarere Menge von einem bis eineinhalb Litern. Wohlgemerkt: Das gilt nicht, wenn du trainierst, dann brauchst du deutlich mehr! Das gleiche gilt, wenn es sehr warm oder sehr kalt ist.

Leistungssportler oder sehr aktiven Menschen, die fast täglich trainieren, können ihren hohen Wasserverlust am schnellsten mit kohlenhydratreichen Sportgetränken, Kohlenhydrat-Gels oder sogenannten Recovery-Drinks ausgleichen, die auch gleichzeitig den hohen Elektrolytverlust durch das Schwitzen ausgleichen können. Enthalten sie noch Vitamin C und E, dann entgiften sie gleichzeitig sogenannte freie Radikale, die für Muskelschäden während der Belastung mitverantwortlich sind.

Übrigens: Falls dir Wasser allein auf Dauer zu langweilig schmeckt, kannst du es auch mit Zitronensaft, Apfelsaft oder einem anderen Saft aufpeppen. Nimm aber auf jeden Fall einen ungesüßten Direktsaft und misch dir daraus mit Mineralwasser eine Schorle (im Verhältnis zwei Teile Wasser zu einem Teil Saft). Oder du bereitest dir eins von unseren „Infused Water"-Rezepten auf der rechten Seite zu.

INFUSED WATER, AKA WASSER MIT GESCHMACK

Diese zwei Wasserrezepte sind eine Alternative zu zuckerhaltigen Fruchtsäften und haben gleichzeitig eine beeindruckende Wirkung auf deine Gesundheit. „Infused Water" heißt „aufgegossenes Wasser". Es ist wirklich ein sehr einfach zubereitetes Getränk, probier es aus, du wirst sehen: Du trinkst mehr und ein bisschen Abwechslung hat ja noch niemandem geschadet.

Zur Zubereitung: Gemischt wird ein Liter stilles Wasser (kalt oder Raumtemperatur) mit etwa einer Handvoll deiner Lieblingszutaten. Damit das Wasser den Geschmack annehmen kann, sollte die Mischung einige Stunden ziehen (ein bis zwei Stunden bei Raumtemperatur oder drei bis vier Stunden im Kühlschrank).

Zum Verbrauch: Ungekühlte Wassermischungen solltest du innerhalb von vier bis fünf Stunden trinken, sonst können sich schädliche Bakterien bilden. Im Kühlschrank aufbewahrtes Infused Water hält sich gut drei Tage.

100 | ENTSPANNUNGSWASSER

ZUTATEN

1 l stilles Wasser
2 Rosmarinzweige
geputzte, gewaschene und geviertelte Erdbeeren

Dieses Rezept lebt vom Rosmarin. Die ätherischen Öle des mediterranen Krauts helfen bei Muskelbeschwerden, tragen zur Stärkung des Gedächtnisses bei und regen den Kreislauf an. Die Erdbeeren liefern zusätzliche Antioxidantien wie Vitamin C und unterstützen das Immunsystem.

101 | ZITRUSGRÜN

ZUTATEN

1 l stilles Wasser
½ in Stücke geschnittene Bio-Zitrone
1 Beutel grüner Tee

Dieses Getränk kurbelt – dank grünem Tee – deinen Stoffwechsel an. Optional kannst du noch 1 EL flüssigen Honig, das entspricht ca. 60 kcal, dazugeben. So reduzierst du die Säure.

> **TIPP:**
>
> Wenn deine Mischung bereits zur Hälfte geleert ist, fülle sie einfach wieder mit frischem Wasser auf. Gerade geschmacksintensive Früchte wie Limetten, Orangen oder Ananas eignen sich für die Mehrfachverwendung besonders gut.

WAS SIND EIGENTLICH KOHLENHYDRATE?

Low Carb, Slow Carb, No Carb: Lass dich vom angesagten Anti-Kohlenhydrate-Hype bloß nicht beeindrucken. Auch wenn noch so viele selbsternannte Experten das Gegenteil behaupten – wahr ist: Kohlenhydrate zählen wie Eiweiß und Fette zu den drei sogenannten Makro-Nährstoffen und haben dieselbe Bedeutung wie diese für eine gesunde und ausgewogene Ernährung.

Kohlenhydrate spielen sogar neben Fett die wichtigste Rolle bei der Deckung deines Energiebedarfs, obwohl sie im Vergleich weniger als die Hälfte an Kalorien liefern (ein Gramm Kohlenhydrate hat vier Kilokalorien, ein Gramm Fett dagegen satte neun). Aber Kohlenhydrat ist nicht gleich Kohlenhydrat. Zwar bestehen alle Kohlenhydrate aus Zuckermolekülen. Trotzdem ist es ein großer Unterschied, ob du zum Beispiel eine Portion Pasta oder eine Tafel Schokolade isst. Denn je nach Anzahl der Zuckerbausteine unterteilt man Kohlenhydrate in drei Gruppen:

- **Einfachzucker (Monosaccharide):**
  Traubenzucker (Glukose) und Fruchtzucker (Fructose) zählen z.B. zu dieser Gruppe

- **Zweifachzucker (Disaccharide):**
  Hierzu gehören weißer, brauner und Rohzucker, außerdem Milch- und Malzzucker

- **Mehrfachzucker (Polysaccharide):**
  Sie stecken vor allem in Getreide, Vollkornprodukten und Hülsenfrüchten.

Der wichtige Unterschied dabei: Einfach- und Zweifachzucker haben als sogenannte leere Energieträger mit Recht nicht den besten Ruf. Sie liefern kaum oder gar keine Ballaststoffe, wenig Nährstoffe wie Vitamine, Eiweiß oder Mineralstoffe und sie beeinflussen deinen Blutzuckerspiegel übermäßig.

Bei Mehrfachzuckern ist das ganz anders: Diese Kohlenhydrate kommen immer im Team mit wertvollen Nähr- und Ballaststoffen vor. Das bedeutet: Wenn du diese guten Kohlenhydrate isst, versorgst du dich gut mit Vitaminen, Mineralstoffen und anderen Vitalstoffen. Und dein Blutzuckerspiegel wird auch viel weniger strapaziert.

DARUM BRAUCHT DEIN KÖRPER KOHLENHYDRATE

Kohlenhydrate sind der wichtigste Treibstoff für dein Gehirn, für deine Muskulatur und für einen gut funktionierenden Stoffwechsel. Ohne Kohlenhydrate kann dein Körper das Gehirn nicht mit ausreichend Blutzucker versorgen und außerdem Eiweiße und Fette nicht richtig verwerten.

Das gilt zwar grundsätzlich, aber von den guten Kohlenhydraten bzw. Mehrfachzuckern profitiert dein Body am meisten. Denn um sie nutzen zu können, muss er diese komplexen Kohlenhydrate erst wieder in die einzelnen Glukosebausteine aufsplitten. Das dauert relativ lange, sodass dabei dein Blutzuckerspiegel ganz langsam ansteigt und auch nur langsam wieder sinkt. Der Effekt: Dein Gehirn wird optimal versorgt, dein Körper kann Proteine und Fette optimal nutzen und außerdem bleibst du nach dem Essen lange satt. Deshalb sind solche Kohlenhydrate übrigens auch perfekt für deine Mahlzeit vor dem Training, denn sie geben dir die nötige Power und Durchhaltekraft für dein Workout.

Die weniger guten Kohlenhydrate, also Einfach- und Zweifachzucker, gelangen dagegen ohne eine solche Verarbeitung fast sofort ins Blut. Dabei schüttet der Körper große Mengen Insulin aus – es pusht deinen Blutzuckerspiegel im Turbo-Tempo nach oben und genauso schnell wieder runter. Ergebnis: Du bekommst sehr bald wieder Hunger und dein Organismus kann andere Nährstoffe nicht ausreichend verarbeiten. Auf Dauer setzt du deinen Körper damit auch der Gefahr aus, Diabetes zu entwickeln.

Das klingt alles komplizierter, als es eigentlich ist. Du kannst dir das so ähnlich vorstellen wie bei einem Feuer: Dein Körper verbrennt die verschiedenen Kohlenhydrate ganz ähnlich wie ein Ofen das Holz. Das kleine Anmachholz verbrennt im Handumdrehen, darum hält die Wärme nur ein paar Minuten. Die mittleren Scheite brennen etwas länger, und die ganz dicken Brocken werden nur langsam zu Asche und geben am längsten Wärme ab.

WIE VIELE KOHLENHYDRATE SIND GUT FÜR MICH?

Solltest du bisher zu den Fans von No Carb und Low Carb gehören, musst du jetzt ganz stark sein und umdenken. Denn gesund und gut für deinen Body ist in Wirklichkeit High Carb: Die Deutsche Gesellschaft für Ernährung empfiehlt, dass mindestens (!) 50 Prozent deiner täglichen Mahlzeiten aus Lebensmitteln mit komplexen Kohlenhydraten wie Vollkornprodukten und Hülsenfrüchten, Nudeln, Reis, Obst und Gemüse bestehen sollten.

Das ist übrigens besonders wichtig, wenn du intensiv und ausdauernd trainierst. Denn nur, wenn du deine Kohlenhydratdepots gut füllst, hältst du ein Workout von bis zu einer Stunde ohne zu essen durch. Bei Trainingseinheiten, die länger dauern, musst du nach einer bis eineinhalb Stunden für Nachschub sorgen.

SO HALTEN DICH KOHLEN- HYDRATE BEIM WORKOUT FIT

Optimal sind 30 bis 60 Gramm Kohlenhydrate pro Trainingsstunde, das ist aber bei jedem anders – der eine kommt super mit 30 Gramm klar, der andere schafft sein Training besser mit mehr.

Wie viel du tatsächlich brauchst, merkst du daran, dass deine Power auch bei langen und anstrengenden Trainingseinheiten nicht nachlässt. Super sind zum Beispiel Bananen: Sie sind leicht zu essen und enthalten je nach Größe 25 bis 30 Gramm Kohlenhydrate pro Stück. Wenn du alle 20 bis 30 Minuten eine Banane isst, kommst du am besten ohne Leistungstief ans Ziel.

DER GLYKÄMISCHE INDEX

Mit dem sogenannten Glykämischen Index (GI), auch unter dem Begriff Glyx bekannt, bestimmt man die Schnelligkeit des Blutzuckeranstiegs nach dem Essen von Kohlenhydraten. Je mehr Insulin dein Körper ausschütten muss und je schneller er die Kohlenhydrate verbrennt, desto höher der GI. Umgekehrt liegt der GI niedrig, wenn du komplexe Kohlenhydrate bzw. Mehrfachzucker isst. Obst und Gemüse haben übrigens einen mittleren GI.

Je niedriger der Glykämische Index, desto besser. Perfekt sind Kohlenhydrate mit einem GI von 20 bis 30. Eine gute Wahl sind aber auch noch Lebensmittel mit einem GI bis zu etwa 60.

In der folgenden Tabelle bekommst du einen Überblick über Lebensmittel, die besonders viele gute Kohlenhydrate und dabei einen niedrigen bis mittleren Glykämischen Index haben:

LEBENSMITTEL (100 g)	GLYKÄMISCHER INDEX (GI)	KOHLENHYDRATE IN G
rote Linsen	25	50
Kidneybohnen	29	45
Kichererbsen	30	44
Wildreis	35	73
Vollkornbrot (im Durchschnitt)	40	39
Vollkornnudeln (im Durchschnitt)	40	60
Couscous und Bulgur (im Durchschnitt)	45	69
Reis (im Durchschnitt)	50	74
Nudeln (im Durchschnitt)	60	30
Pellkartoffeln	65	15

WAS SIND EIGENTLICH BALLASTSTOFFE?

Hinter dem Begriff „Ballaststoffe" verbergen sich unverdauliche und gerade darum wertvolle Kohlenhydrate aus pflanzlichen Lebensmitteln. Lass dich hier nicht verwirren: Auch wenn Ballaststoffe zu den Kohlenhydraten zählen, liefern sie keine Kalorien, denn der Körper kann sie nicht verwerten und scheidet sie unverdaut wieder aus.

Es gibt zwei Arten von Ballaststoffen: Lösliche Ballaststoffe wie Pektin oder Inulin stecken vor allem in Obst, Gemüse, Nüssen und in Haferflocken. Nicht lösliche Ballaststoffe bestehen aus Fasern und Schalenteilen, z.B. von Getreide und Getreideprodukten wie Cerealien. Beide Arten von Ballaststoffen sind für deinen Körper und dein Wohlbefinden ebenso wichtig. Praktischerweise treten sie auch sehr oft zusammen. Ein Apfel zum Beispiel enthält sowohl den löslichen Ballaststoff Pektin aus dem Fruchtfleisch, als auch unlösliche Ballaststoffe (Pflanzenfasern) aus der Schale.

DAS BRINGEN BALLASTSTOFFE FÜR DEINE GESUNDHEIT

Eine gute Verdauung gibt es nur mit Ballaststoffen: Sie sorgen für eine gesunde Darmflora, was deine Abwehrkräfte stärkt, können Verstopfungen vermeiden und sogar vorbeugend gegen Darmkrebs wirken. Denn bei ihrem Marsch durch den Körper binden sie auch Giftstoffe aus der Nahrung, so dass diese keinen Schaden anrichten können.

Angenehmer Nebeneffekt: Da Ballaststoffe außerdem Gallensäuren regelrecht aufsaugen, muss der Körper fleißig für Nachschub im Blut sorgen. Dafür braucht er Cholesterin. Ballaststoffe senken also den Cholesterinspiegel und schützen damit Herz und Gefäße.

SO BEFEUERN BALLASTSTOFFE DEINE FITNESS

Wenn du trainierst und Muskeln aufbauen willst, isst du vermutlich bevorzugt eiweißreiche Lebensmittel wie Fisch, Fleisch, Geflügel, Eier und Milchprodukte. Das ist grundsätzlich gut, aber zu einseitig, denn tierische Nahrung liefert leider null Ballaststoffe. Iss darum auf jeden Fall zusätzlich reichlich ballaststoffreiche Lebensmittel, denn auch sie helfen dir dabei, fit zu werden und zu bleiben:

• Weil man Faserstoffe aus Getreide, Hülsenfrüchten Obst und Gemüse gut kauen muss, sie im Körper auf mindestens das Doppelte der ursprünglichen Menge aufquellen und lange im Magen-Darm-Trakt verweilen, sättigen sie gut und besonders nachhaltig.

• Lebensmittel mit hohem Ballaststoffanteil lassen den Blutzuckerspiegel nur langsam ansteigen, das verhindert Heißhungerattacken und Leistungstiefs.

• Ballaststoffe helfen deinem Körper dabei, weniger Fett aufzunehmen und zu speichern, weil sie bestimmte fettspaltende Enzyme bei ihrer Arbeit ausbremsen. Weiteres Plus: Ballaststoffreiche Lebensmittel selbst enthalten kaum Fett.

• Für dein Sixpack sind Ballaststoffe übrigens besonders wichtig: Eine US-Studie ergab, dass Fans von ballaststoffreichen Lebensmitteln sogar ganz ohne Sport oder Diät 3,6 Prozent weniger Bauchfett auf die Waage bringen als reine Eiweiß-Esser.

DARIN STECKEN AM MEISTEN BALLASTSTOFFE:

Getreide:
Vollkorngetreide und alle daraus hergestellten Produkte wie zum Beispiel Vollkornmehl, Vollkornbrot, Vollkornpasta, Getreideschrot und –flocken.

Hülsenfrüchte:
Linsen, Bohnen, Sojabohnen, Kichererbsen und Erbsen.

Gemüse:
Alle Kohlsorten sowie Schwarzwurzeln.

Obst:
Trockenfrüchte wie Datteln, Feigen, Pflaumen und Rosinen.

Nüsse und Samen:
Alle Sorten, aber ganz besonders Leinsamen, Kokosnuss, Mohn, Mandeln und Macadamianüsse.

WIE VIELE BALLASTSTOFFE BRAUCHE ICH?

Experten schätzen, dass die meisten von uns im Durchschnitt nur etwa 20 Gramm Ballaststoffe pro Tag zu sich nehmen. Als optimale Menge für Erwachsene empfiehlt die Deutsche Gesellschaft für Ernährung (DGE) aber mindestens 30 Gramm Ballaststoffe, besser noch 40 bis 50 Gramm. Es darf auch gern mehr sein, ein Zuviel gibt's hier nicht. Aber Achtung: Je mehr Ballaststoffe du zu dir nimmst, umso wichtiger ist, dass du dazu auch reichlich trinkst. Ballaststoffe brauchen viel Flüssigkeit, um aufquellen zu können und ihre positive Wirkung zu entfalten.

WARUM DEIN KÖRPER FETTE BRAUCHT

Du willst fit werden, schlank bleiben und deiner Gesundheit etwas Gutes tun? Dann brauchst du Fett! Das klingt vielleicht erstmal verrückt, ist aber Fakt, und zwar gleich aus unterschiedlichen Gründen:

> Nur mit Fett kann der Körper die lebenswichtigen Vitamine A, D, E und K aufnehmen und verwerten. Darüber hinaus sind Fette ein wichtiger „Baustoff" für unsere Körperzellen. Bestimmte Fette helfen sogar bei der Regulierung des Hormonhaushalts. Wieder andere Fette braucht der Körper, um den Cholesterinspiegel in der Balance zu halten; sie schützen dadurch Herz und Gefäße. Und zum Abschluss: Verschiedene Stoffwechselvorgänge funktionieren nur mit Fett „wie geschmiert".

Fett ist also unverzichtbar und längst nicht nur der „Fettmacher", obwohl es mit neun Kilokalorien pro Gramm der weitaus kalorienreichste Energielieferant ist und damit Zucker und andere Kohlenhydrate um mehr als das Doppelte übertrifft. Ein gewisser Anteil von Fettgewebe im Körper ist übrigens ebenfalls wichtig: Er schützt deine inneren Organe wie Nieren, Leber usw. nach dem gleichen Prinzip, wie der Bumper dein Smartphone.

Ob Fett wirklich fett macht, kommt auf die Menge und vor allem auf die Auswahl an. Fett ist nämlich absolut nicht gleich Fett, sondern hat unterschiedliche Eigenschaften und damit auch verschiedene Wirkungen auf deinen Körper.

SO SETZEN SICH FETTE ZUSAMMEN

Ob Butter, Margarine, Schmalz oder Pflanzenöl – grundsätzlich besteht Nahrungsfett aus den beiden Hauptbausteinen Glyzerin und Fettsäuren. Es macht allerdings einen großen Unterschied, wie diese Fettsäuren aufgebaut sind. Deshalb ein bisschen Fachsimpelei zum Verständnis: Der Glycerinbaustein ist immer der gleiche, aber die Fettsäuren unterscheiden sich. Sie sind es, die die Eigenschaften der Fette bestimmen. Fettsäuren bestehen aus einer Kette von Kohlenstoffatomen, die am einen Ende eine Methyl-, am anderen eine Carboxylgruppe besitzen. An jedes dieser Kohlenstoffatome bindet sich nun eine bestimmte Zahl von Wasserstoffatomen – oder auch nicht: Wenn zwei nebeneinanderliegende Kohlenstoffatomen keine Wasserstoffatome gebunden haben, sondern durch Doppelbindungen miteinander verknüpft sind, spricht man von ungesättigten Fettsäuren. Gibt es aber keine Doppelbindungen, sind es gesättigte Fettsäuren.

Bei den ungesättigten Fettsäuren gibt es aber noch eine weitere wichtige Unterscheidung: Kommt in der Kette nur eine Doppelbindung vor, nennt man das eine einfach ungesättigte Fettsäure. Bei zwei oder mehr Doppelbindungen enthält das Fett mehrfach ungesättigte Fettsäuren – logisch, oder? Zur Gruppe der mehrfach ungesättigten Fettsäuren zählen zum Beispiel Omega-3- und Omega-6-Fettsäuren. Dass das Thema Omega-3-Säuren immer wieder in Medien und

Blogs auftaucht, ist übrigens keineswegs nur ein Hype, sondern hat einen sehr guten Grund: Für Gesundheit und optimale Körperfunktionen sind diese neben anderen Fettsäuren nicht nur wichtig, sondern unverzichtbar. Man nennt sie deshalb auch essenzielle Fettsäuren. Übrigens kann dein Körper sie im Gegensatz zu anderen Fettsäuren nicht selbst bilden. Du musst sie ihm also über deine Nahrung ausreichend zuführen.

DAS MACHT UNGESÄTTIGTE FETTSÄUREN SO GESUND

Der schlechte Ruf von Fetten geht größtenteils auf das Konto solcher Fette, die überwiegend aus gesättigten Fettsäuren bestehen. In Maßen sind aber selbst diese okay. Fette mit einfach und mehrfach ungesättigten Fettsäuren bringen dir aber weitaus mehr: Sie regulieren den Blutdruck, erweitern die Gefäße, halten den Blutfett- bzw. Cholesterinspiegel in einem optimalen Gleichgewicht und fördern die Blutgerinnung. Im Klartext heißt das: Einfach und mehrfach ungesättigte Fettsäuren beugen einer Verkalkung der Arterien sowie Herz- und Kreislauferkrankungen vor.

Weitere Pluspunkte sind ihr wissenschaftlich erwiesener positiver Einfluss aufs Immunsystem und auf die Gehirnfunktion bzw. auf Konzentration und Gedächtnis. Besonders die Omega-3-Fettsäuren spielen im Gehirn eine wichtige Rolle: Sie machen Denken, Lernen und Erinnern überhaupt erst möglich.

WIE GESUND SIND FISCHÖLKAPSELN UND CO.?

So genannte Supplemente für eine optimale Versorgung mit Omega-3- und anderen essenziellen Fettsäuren hast du wahrscheinlich schon mal gesehen. Es gibt sie in der Apotheke, aber auch in jedem Drogeriemarkt und sogar im Supermarkt und beim Discounter. Falls du dich fragst, ob sie dir gut tun könnten, ist die Antwort: Sie schaden jedenfalls nicht. Einen wirklichen Mehrwert für deine Gesundheit bringen solche Kapseln aber nicht. Sie machen höchstens Sinn, wenn bei dir zum Beispiel nie Fisch auf den Tisch kommt und du auch andere ölreiche Lebensmittel wie Nüsse und Samen selten isst.

Grundsätzlich kannst du aber deinen Bedarf an essenziellen Fettsäuren problemlos decken, wenn du konsequent mit pflanzlichen Ölen kochst und brätst. Eine kleine Extraportion gesundes Fett bekommst du übrigens, wenn du außerdem für dein Brötchen oder Brot ein Streichfett mit Rapsölanteil nimmst.

SO EINFACH ERKENNST DU GESUNDES FETT

Falls du gerade erst mit der Ernährungsumstellung beginnst, bist du vermutlich noch unsicher, was nun gut ist und was nicht so sehr. Bei Fetten ist die Unterscheidung aber wirklich easy: Alle Fette tierischer Herkunft (ausgenommen die aus fettreichem Seefisch) enthalten wenige oder gar keine einfach und mehrfach ungesättigten Fettsäuren. Du erkennst sie in der Regel daran, dass sie bei Zimmertemperatur fest sind. Umgekehrt gilt: Alle Fette pflanzlicher Herkunft sind mehr oder weniger reich an den gesunden Fettsäuren. Sie sind daran auf einen Blick zu erkennen, dass sie sogar im Kühlschrank flüssig bleiben.

SO BEKOMMT DEIN BODY GENUG GUTE FETTE

Du liebst dein Frühstücksbrötchen mit Butter? Kein Thema, wenn du dich ansonsten mit „gutem Fett" ernährst, das die wichtigen ungesättigten Fettsäuren enthält. Besonders reich daran sind folgende Lebensmittel:

- Alle Pflanzenöle, besonders aber die aus Raps, Oliven, Nüssen und Samen

- Fettreiche Seefische wie Lachs, Lachsforelle, Thunfisch, Makrele, Hering

- Nüsse, Kerne und Samen wie z. B. Mandeln, Walnüsse, Macadamianüsse, Sesam, Kürbis- und Sonnenblumenkerne

- Avocados, schwarze Oliven, Sojabohnen

- In Milchprodukten und Käse stecken von Natur aus ebenfalls kleine Mengen Omega-3-Fettsäuren – allerdings nur dann, wenn die Milch von Kühen kommt, die frisches Gras futtern durften

WIE VIEL GUTES FETT IST GUT FÜR MICH?

Du trainierst regelmäßig und isst insgesamt gut und bewusst? Dann sind Übergewicht und streng begrenzte Fettmengen für dich wahrscheinlich sowieso kein Thema. Und so lange du dabei bleibst und zum Kochen, Braten und Backen Pflanzenöle nimmst, wirst du selbst bei großzügigen Portionen kaum zunehmen.

Übrigens brauchst du gar nicht so viel gutes Fett, um die so wichtigen ungesättigten essenziellen Fettsäuren in ausreichender Menge aufzunehmen. Schon drei bis vier Esslöffel Pflanzenöl am Tag genügen zum Beispiel, um die von der Deutschen Gesellschaft für Ernährung empfohlene Menge (0,5 Prozent der gesamten Energiezufuhr) zu erreichen. Ob du raffiniertes oder kalt gepresstes Öl nimmst, spielt dabei keine Rolle – der Gehalt an wertvollen ungesättigten Fettsäuren ist bei beiden gleich.

Insgesamt gilt als Faustregel: Wenn du dein Gewicht halten willst, kannst du problemlos 80 Gramm Fett pro Tag zu dir nehmen – bei regelmäßigem und intensivem Workout auch mehr. Das klingt viel, ist aber schnell erreicht, wenn du viele „versteckte Fette" mit gesättigten Fettsäuren isst. Schon deshalb macht es Sinn, gesund zu essen. Halte dich also bei Wurst, fettem Fleisch, Chips, Süßigkeiten usw. eher zurück und greife bei Milchprodukten lieber zur fettarmen Variante (mehr über Milchprodukte erfährst du auf der rechten Seite).

DARUM SIND MILCHPRODUKTE GUT FÜR DICH

Du isst gerne Joghurt, magst Milch und Käse? Super, denn Milch und Milchprodukte enthalten viel Kalzium, das für starke Knochen und gute Zähne wirklich wichtig ist! Neben Fleisch, Fisch, Eiern und Hülsenfrüchten sind Milch und Milchprodukte außerdem eine zusätzliche Quelle für Eiweiß. Übrigens: Je proteinreicher ein Milchprodukt ist, desto geringer ist sein Fettanteil.

Besonders auf Käse (zu dem übrigens auch Quark zählt) trifft das zu: Eine 30-Gramm-Portion Mascarpone (12,6 Gramm Fett) liefert dir z.B. 1,2 Gramm Eiweiß – dieselbe Menge Mozzarella besitzt mit sechs Gramm Fett fast die fünffache Menge, nämlich satte 5,7 Gramm Eiweiß. Die meisten Proteine stecken übrigens in Parmesan (35,6 Gamm pro 100 Gramm), also reib ihn dir ruhig öfter frisch über deine Pasta.

Anderer Käse enthält nicht ganz so viel, liegt aber mit durchschnittlich 20 – 23 Gramm Eiweiß auf 100 Gramm auch ziemlich gut im Rennen.

Solche Traumwerte schaffen Milch und andere Milchprodukte zwar nicht, denn **als Faustregel gilt:** Je flüssiger bzw. weicher das Milchprodukt, desto mehr Wasser enthält es und desto weniger Nährstoffe stecken drin. Aber mit durchschnittlich etwa 3,4 Gramm Eiweiß pro 100 Gramm gehören Milch und weiche Milchprodukte trotzdem zu den guten – und natürlich leckeren – Proteinlieferanten.

DAS BRINGEN KEFIR, JOGHURT UND CO. FÜR DEINE GESUNDHEIT

Man hört immer wieder, dass Sauermilchprodukte jung, gesund und fit halten. Und da ist tatsächlich was dran: Schon vor rund 110 Jahren entdeckte der russische Naturwissenschaftler Elie Metschnikoff, dass die Milchsäurebakterien im Joghurt für den Anti-Aging-Effekt verantwortlich sind. Mit diesen Bakterien wird die Milch geimpft, damit sie sauer wird. Neben dem typischen Geschmack bringen Milchsäurebakterien viele gesundheitliche Pluspunkte:

- Sie verbessern die Darmflora und stärken dadurch unser Immunsystem

- Sie können krank machende Keime in Magen und Darm unschädlich machen, helfen also z.B. bei Magenschmerzen und Durchfall

- Sie bauen Milchzucker (Laktose) zu einem großen Anteil in Milchsäure um. Deswegen vertragen viele Menschen mit Laktoseintoleranz saure Milchprodukte meistens gut.

DARUM BRAUCHT DEIN KÖRPER PROTEINE

WAS SIND EIGENTLICH PROTEINE – UND WORIN SIND SIE ENTHALTEN?

Das Wichtigste vorweg: Wundere dich nicht, wenn mal von Proteinen, mal von Eiweiß die Rede ist – gemeint ist in beiden Fällen dasselbe, es sind einfach zwei Begriffe für ein und denselben Nährstoff. Bei Bloggern, Fitness-Freaks, Bodybuildern und Figurbewussten gilt dieser Nährstoff als das Wundermittel für einen muskulösen Körper. Das stimmt nicht bedingungslos. Es ist zwar richtig, dass Eiweiß dabei hilft, Muskelmasse aufzubauen – schließlich bestehen Muskeln selbst zu 20 Prozent aus Proteinen. Andererseits könntest du allein von Eiweiß auf Dauer nicht leben. Aus gutem Grund gelten neben Proteinen auch Fette und Kohlenhydrate zu den lebenswichtigen Makro-Nährstoffen.

Das bedeutet, Proteine gehören auf jeden Fall zu den wichtigsten Baustoffen deines Körpers, und das nicht nur für den Aufbau und das Wachstum von Muskeln. Nur mit Eiweißen ist der Aufbau aller Körperzellen, ob für Muskeln oder Organe möglich. Auch der Hormonhaushalt und die Gehirnfunktion hängen sehr eng mit diesem Makro-Nährstoff zusammen. Ohne Proteine wäre die Bildung von Enzymen unmöglich, die den gesamten Stoffwechsel am Laufen halten. Proteine stärken aber auch dein Immunsystem und bestimmen mit darüber, wie fit und leistungsfähig du dich fühlst.

Was wir Eiweiß oder Protein nennen, setzt sich aus kettenartig miteinander verbundenen Aminosäuren zusammen. Die meisten davon kann dein Körper zur Not selbst bilden. Acht Aminosäuren nennt man aber essentiell, weil sie der Körper nicht selber herstellen kann und du sie nur über die Nahrung aufnehmen kannst.

Das ist zum Glück ganz einfach, denn sowohl pflanzliche als auch tierische Lebensmittel enthalten Eiweiß. Als beste Quellen gelten zu Recht vor allem Fleisch, Fisch, Geflügel, Hülsenfrüchte, Vollkorngetreide, Nüsse, Käse und andere Milchprodukte sowie Eier.

Um deinen Body optimal zu versorgen, solltest du ihm nicht nur ausreichend Protein geben, sondern auch berücksichtigen, wie gut es für ihn verwertbar ist. Das ist nämlich keineswegs immer gleich! Hier lautet das Stichwort „biologische Wertigkeit". Das ist ein ganz wichtiger Wert für dich, der aussagt, wie effizient das aufgenommene Eiweiß wirklich in körpereigenes Eiweiß umgewandelt werden kann. Wenn du deine Mahlzeiten nach der Faustregel zusammenstellt, tierische und pflanzliche Eiweißlieferanten etwa halbe-halbe einzusetzen, erreichst du in der Regel schon eine hohe biologische Wertigkeit.

Als Referenzwert für die biologische Wertigkeit hat man mit einem Wert von 100 das Hühnerei festgelegt. Das kannst du aber noch steigern, indem du verschiedene Lebensmittel geschickt kombinierst und damit das Beste aus deinem Essen herausholst. Das Tolle: Meistens sind das Kombinationen von Lebensmitteln, die besonders lecker zusammen schmecken: Ob Bohnen und Mais im Chili, Eier und Kartoffeln im Bauernfrühstück, Eier und Mehl im Pancake oder ein Steak mit Kartoffeln. Die Tabelle rechts zeigt dir die Lebensmittel und Lebensmittel-Kombinationen mit der besten biologischen Wertigkeit:

Lebst du vegetarisch, lässt sich diese Regel genauso problemlos umsetzen wie für Fleischesser: Die meisten Käsesorten enthalten ungefähr genauso viel oder sogar mehr Eiweiß als Steak und Schnitzel, dazu kommen dann noch Eier und Milchprodukte als gute Quellen für tierische Proteine.

Bist du Veganer, fallen tierische Eiweißquellen natürlich weg. Aus Sicht von Ernährungswissenschaftlern ist das zwar nicht wirklich optimal, weil der Körper pflanzliche Proteine nicht ganz so gut nutzen kann wie tierische. Du isst aber trotzdem gesund und ausreichend eiweißreich, wenn du besonders bewusst pflanzliche Lebensmittel mit hohem Proteingehalt auswählst (zum Beispiel Hülsenfrüchte) und mit viel Gemüse kombinierst. Falls du dich öfter schlapp fühlst oder ein sehr anstrengendes Training machst, kannst du aber zur Sicherheit zusätzlich noch ein veganes Proteinpulver einnehmen.

LEBENSMITTEL UND LEBENSMITTELKOMBINATIONEN	BIOLOGISCHE WERTIGKEIT
35 % Ei + 65 % Kartoffeln	136
75 % Milch + 25 % Weizen	125
60 % Ei + 40 % Soja	124
75 % Ei + 25 % Milch	119
55 % Milch + 50 % Kartoffeln	114
70 % Ei + 30 % Weizen	118
75 % Rindfleisch + 25 % Kartoffeln	114
50 % Bohnen + 50 % Mais	101
Hühnerei	100
Kartoffel	96
Rindfleisch	87
Kuhmilch	85
Sojamilch	84
Reis	82
Bohnen	73
Mais	72
Weizen	59

DARIN STECKT AM MEISTEN EIWEISS:

Fisch:
Alle Arten enthalten reichlich Protein – im Durchschnitt sind es pro 100 Gramm etwa 18 Gramm. Spitzenreiter ist mit 28,5 Gramm übrigens Räucherlachs.

Fleisch und Geflügel:
Mit durchschnittlich 19 Gramm eine gute Eiweißquelle. Besonders viel liefern mit 22 bis 24 Gramm magere Sorten wie Schnitzel oder Putenbrust.

Hülsenfrüchte:
Sie bringen im Durchschnitt 21 Gramm Proteine. Sojabohnen bringen es sogar auf 35 Gramm pro 100 Gramm.

Nüsse und Samen:
Bei 21 Gramm pro 100 Gramm im Durchschnitt auch eine super Eiweißquelle. Erdnüsse (die botanisch zu den Hülsenfrüchten gehören) enthalten 25 Gramm, Leinsamen und Kürbiskerne immerhin 24,4 Gramm.

Käse:
Vor allem Schnittkäse und Hartkäse liefern mit durchschnittlich 24 bzw. 27 Gramm pro 100 Gramm jede Menge Eiweiß.

Fleisch-Alternativen:
Besonders eiweißreich sind vegane Produkte wie Seitan, Tofu und vor allem Tempeh, der es pro 100 Gramm auf 27 Gramm Proteine bringt.

WIE VIELE PROTEINE SIND GUT FÜR MICH?

Auch wenn viele dran glauben – das Motto „viel hilft viel" stimmt bei Proteinen definitiv nicht. Normalerweise gilt die Regel: Ein erwachsener Mann braucht pro Tag rund 60 Gramm Eiweiß. Wenn du regelmäßig Krafttraining oder Leistungssport machst, liegt dein Bedarf allerdings höher: Pro Kilogramm Körpergewicht solltest du dann täglich 1,2 bis 1,7 Gramm Eiweiß aufnehmen. Wiegst du zum Beispiel 70 Kilogramm, braucht dein Körper also 82 bis 119 Gramm Eiweiß. Das klingt ganz schön viel, aber wenn du deine Mahlzeiten richtig zusammenstellst, erreichst du auch diese hohen Proteinwerte locker.

Es macht übrigens keinen Sinn, diese Obergrenze zu überschreiten. Studien haben gezeigt, dass der Körper überflüssige Proteine nicht als Baustoff, sondern als Energielieferant nutzt. Sehr hohe Mengen wandelt er zum Teil sogar in Fett um. Dazu scheidet er die Abbaustoffe über die Niere aus. Wenn du gesund bist, ist das noch kein ernsthaftes Problem, aber für Diabetiker oder Nierenkranke ist es nicht ungefährlich.

WIE NUTZE ICH PROTEINE OPTIMAL ZUM MUSKELAUFBAU?

Viele, die Krafttraining machen, glauben fest daran: Wenn ich jede Menge Eiweiß und möglichst wenig Kohlenhydrate esse, dann wachsen meine Muskeln wie von selbst. Richtig ist: Erst die gute Kombination aus beiden Nährstoffen bringt den Erfolg! Wenn du auf Kohlenhydrate weitgehend verzichtest, fehlt dir beim Workout nämlich die nötige schnell verfügbare Energie. Das kann deinen Muskeln sogar schaden, denn um Energie zur Verfügung zu haben, muss dein Körper dann Proteine abbauen – du erreichst also das Gegenteil von dem, was du willst, und bist außerdem viel schneller erschöpft.

Viel besser: Iss zum Frühstück und mittags jeweils eine Mahlzeit mit guten Kohlenhydraten plus Eiweiß und frischem Obst. Plane dein Essen so, dass bis zum Workout noch etwa eine bis eineinhalb Stunden bleiben.

Direkt nach dem Training kannst du dir ebenfalls einen Snack aus einer Eiweiß-Kohlenhydrat-Kombi gönnen: Damit kannst du den ersten Hunger besänftigen, und du pusht außerdem deinen Muskelaufbau und füllst die leeren „Kraftspeicher" schnell wieder auf. Besonders gut sind jetzt zum Beispiel Nüsse, Bananen oder Joghurt und frisches Obst.

Das perfekte Abendessen für deine Muckis ist dann tatsächlich eine Mahlzeit, die überwiegend aus Eiweiß besteht. Proteine helfen nach dem Training nämlich deinen Muskeln dabei, sich zu erholen, und sie fördern jetzt optimal einen schnellen Muskelaufbau und vor allem auch den Erhalt der mühsam aufgebauten Muskeln.

Eine eiweißreiche Mahlzeit am Abend deines Workouts sorgt außerdem dafür, dass winzig kleine Muskelrisse, die immer beim Trainieren entstehen, schneller heilen. Dadurch helfen Proteine dann auch mit dabei, Muskelkater zu verhindern oder wenigstens zu mildern.

WIE SINNVOLL SIND EIWEISS-DRINKS?

Lass dir von denen, die auf Protein-Shakes schwören, nichts einreden: Wenn du mit deinen täglichen Mahlzeiten die empfohlene Menge an Eiweiß zu dir nimmst (also 1,2 bis 1,7 Gramm pro Kilogramm Körpergewicht, im Muskelaufbau auch das bis zu 2,5-fache), dann brauchst du in der Regel kein Extra-Eiweiß aus Pulver.

Allerdings können Eiweiß-Shakes auch ganz praktisch sein, zum Beispiel, wenn du nach dem Training mal keinen gesunden Snack dabei hast. Auch in Phasen von mehrstündigem bzw. intensivem Krafttraining kann dich das Pulver beim Muskelaufbau unterstützen.

Die Zusammensetzung ist je nach Hersteller und Produkt sehr unterschiedlich: Mal stammen die Proteine vom Ei, mal aus Milch, dann wieder aus Molke. Das seit längerer Zeit bei Sportlern besonders angesagte Whey-Protein besteht zum Beispiel aus Molkeneiweiß. Viele Fitness-Fans meinen, dass es besonders effektiv wirkt.

Bevor du dich für ein bestimmtes Produkt entscheidest, schau jedenfalls kritisch auf die Zutatenliste: je kürzer sie ist, desto besser. Teurer, aber für deinen Körper optimal sind Produkte, die zu fast 100 Prozent aus reinem Eiweiß bestehen. Eiweiß-Shakes gibt es natürlich auch auf rein veganer Basis. Hier stammt das Protein außer von Sojabohnen oft auch von Erbsen, Reis, Hanf und Lupinen. Für sogenannte Mehrkomponenten-Produkte mischt man die Proteine von zwei oder mehr Pflanzen, um die Verfügbarkeit aller Aminosäuren für den Körper zu erhöhen.

Vorsicht bei der Auswahl, denn Shake-Pulver enthalten oft extrem viele Zusatzstoffe und teilweise sogar Rückstände von Reinigungsmittel oder Desinfektionsmitteln. Sieh dir also die Zutatenliste genau an! Häufig findest du zu hochwertigen Pulvern online auch genaue Laboranalysen über deren genaue Bestandteile.

COMMUNITY

———

05

KÜCHENTRICKS ERFAHRENER FOOD-BLOGGER

Wir haben Food-Blogger nach ihren geheime Tricks gefragt, um euch Einblick in die Küchen der erfahrenen Hobbyköche zu bieten. Herausgekommen sind acht Küchentricks, die dir im Fitness-Küchenalltag sicherlich behilflich sein werden.

1. NUTZE DEINE PHANTASIE!
DR. MARIA ZAFFARANA | CARPEGUSTA.DE

„ Benutze deine Phantasie. Trau dich und löse dich von festgefahrenen Kochritualen. Stattdessen sollten Gefühl, Ideen und Spontanität in deine Küchenroutinen einfließen. Mein größter und erfolgreichster Geheim- und Genusstipp: Hab Mut für Experimente und außergewöhnliche Kombinationen. Das führt zu überraschenden Gaumenfreuden und macht Lust beim Kochen und Essen.

2. DIE SÜSSLUPINE
CHRISTIAN WENZEL | VEGAN-FREELETICS.COM

„ Kein direkter Küchentipp, sondern ein Lebensmittel, das ich vorstellen möchte: die Süßlupine. Die Süßlupine besticht durch ihre Nährwerte: 35 Prozent (und mehr) Eiweiß, mit zehn bis 15 Prozent Kohlenhydraten Low Carb, unter zehn Prozent Fett und frei von Gluten und Cholesterin. Somit ist sie auch für viele Allergiker und Menschen mit Unverträglichkeiten geeignet.

3. ORDNUNG MUSS SEIN
BJÖRN | WWW.HAPPYPLATE.DE

„ Für das Kochen sollte man sich genügend Zeit nehmen und strukturiert arbeiten. Sich alle Zutaten und Küchenutensilien vor dem Kochen bereitzustellen, erleichtert den Ablauf enorm und man konzentriert sich auf die wirklich wichtigen Dinge, anstatt zwischen den Töpfen herumzukramen.

4. NEUTRALISATION VON SALZ
KIKI JOHNSON | CINNAMONANDCORIANDER.COM

„ Zu viel Salz erwischt? Kein Problem! Mit der Kombi aus ein paar Spritzern Zitronen- oder Limettensaft und einem kleinen bisschen Honig oder Zucker könnt ihr euer Gericht retten! Diese Mischung aus Säure und Süße kann eine erstaunliche Menge an überschüssigem Salz kompensieren!

5. VORBEREITUNG IST KEY
SANDRA | WWW.GESUND-LECKER-FIT.DE

„ Plane voraus und gehe entsprechend bewusst Einkaufen. So vermeidest du Überkäufe und musst weniger wegwerfen. Bereite vieles am Wochenende vor. Reis, Fleisch und Gemüse können ohne Bedenken für zwei bis drei Tage vorgekocht werden. Einige Gerichte kann man auch gut einfrieren, zum Beispiel eine Bolognese oder Chili con Carne. Davon ruhig ein paar Portionen mehr machen. Denke auch an etwas für Zwischendurch. Müsliriegel oder Ähnliches kann man schnell selber machen, sie schmecken viel besser als gekauft und du weißt was drin ist.

6. KOPF AUS, SINNE AN.
SASCHA ROTERBERG | REDMOUNTAIN-BBQ.DE

„ Das Wichtigste beim Kochen oder Grillen ist es, alle Sinne beisammen zu halten. Lass dich nicht von den Sorgen des Alltags ablenken und genieße den Moment, indem du mit deinen Händen eine leckere Mahlzeit zubereitest! Soulfood ist Fitness Food, das ist das Geheimnis!

FAQ: 7 DER AM HÄUFIGSTEN GESTELLTEN FRAGEN

Wir haben sieben der häufigsten Fragen aus der Fitness-YouTube-Community beantwortet.

1. FRAGE: WAS MUSS MAN TUN, UM DAUERHAFT ABZUNEHMEN?

ANTWORT: „Zähle deine Kalorien und berechne deinen Kalorienbedarf. Ernähre dich mit einem geringen Kaloriendefizit von 20 Prozent unter deinem normalen Bedarf und mache regelmäßig Sport. Da reichen schon dreimal wöchentlich 30 Minuten aus. Nimm dir Zeit und du wirst nach sechs bis acht Wochen erste Resultate auf der Waage bemerken. **Wichtig:** du solltest nicht hungern, wenn du abnehmen möchtest!

2. FRAGE: WÜRDET IHR JEDEM PRINZIPIELL EMPFEHLEN, KRAFTSPORT (IM FITNESSSTUDIO O.Ä.) AUSZUÜBEN?

ANTWORT: „Klar, aber trainiere nicht ohne Betreuung und immer deinem Alter und deinen körperlichen Voraussetzungen entsprechend. Dann stärkt Kraftsport (und Sport im allgemeinen) das Immunsystem und du fühlst dich besser.

3. FRAGE: DARF MAN AUCH MAL „SÜNDIGES" ESSEN UND WAS IST MIT „CHEAT DAYS", WÄHREND DENEN MAN HEMMUNGSLOS SCHLEMMEN DARF?

ANTWORT: „Wir halten nicht viel von „Cheat Days". Wer sich bewusst ernährt, hat aber auch mal Platz für sündiges Essen. Achte trotzdem darauf, deine tägliche Kalorienmenge nicht zu überschreiten. Blättere durch unsere Rezepte und du wirst sehen, es gibt relativ gesunde Alternativen zu sündigem Essen.

4. FRAGE: WIE SOLLTE ICH MEINE MAHLZEITEN TIMEN?

ANTWORT: „Die Zeitpunkte haben kaum Relevanz. Lege aber weder lange Hungerstrecken ein, damit du nicht danach unkontrolliert mit Heißhunger in dich hineinschaufelst, noch iss zu häufig am Tag. Gönne deinem Körper auch zwischendurch ein wenig Pause von der Verdauungsarbeit. Wir empfehlen auch, ein bis zwei Stunden vor dem Training keine großen Mahlzeiten mehr einzunehmen. Aber auch hier gilt es, auszuprobieren. Nur so findest du heraus, wann deine persönlichen optimalen Essenszeiten sind und vor allem, was du dann essen solltest. Essen sollte dich mit Energie versorgen. Ein Mittelmaß ist wie häufig das Beste. Schau am besten mal in unsere Kapitel zum Thema „Ernährung umstellen".

5. FRAGE: WIE VIEL ZEIT SOLLTE ZWISCHEN ESSEN UND TRAINING LIEGEN?

ANTWORT: „Eine häufige und ebenso interessante wie umstrittene Frage. Wir empfehlen, ein bis zwei Stunden vor dem Training keine großen Mahlzeiten mehr einzunehmen. Aber auch hier gilt es, auszuprobieren. Nur so findest du heraus, wann deine persönlichen optimalen Essenszeiten sind und vor allem, was du dann essen solltest, um deinen Zielen näher zu kommen. Essen sollte dich mit Energie versorgen.

6. FRAGE: MUSS ICH JEDEN TAG KALORIEN ZÄHLEN?

ANTWORT: „Es macht Sinn, sechs bis acht Wochen am Stück täglich seine Kalorien zählen, um einen Überblick über die eigenen Essgewohnheiten und die Kalorien und Nährwerte der Lebensmittel zu bekommen. Zum Nachschlagen gibt es viele kostenlose Apps und Websites mit umfangreichen Datenbanken. Nur so kannst du einen tatsächlich wirksamen Ernährungsplan für dich entwerfen. Danach kennst du die Kalorienanzahl vieler Rezepte und Lebensmittel auswendig und zählst unterbewusst grob mit, ohne alles schriftlich festhalten zu müssen. Probiers und zieh es einmal durch – es lohnt sich!

7. FRAGE: IST EINE HIGH-CARB-LOW-FAT- ODER LOW-CARB-HIGH-FAT-DIÄT GUT FÜR MICH?

ANTWORT: „In Body Kitchen geben wir bewusst keine Anleitung für bestimmte Diäten. Wir denken, dass eine bewusste und ausgewogene Ernährung, die für jeden individuell verschieden ist, am zuträglichsten für das Erreichen persönlicher Ziele ist. Weder gesunde Kohlenhydrate noch gesunde Fette sollte man nicht aus seinem Ernährungsplan streichen, der Körper braucht sie.

Falls du hier deine Frage nicht beantwortet findest, dann schau mal auf www.body-kitchen.de/faq.

BUCHENTSTEHUNG UND FORTSETZUNG

Wir sind der junge Hamburger Verlag Electric Elephant Publishing und Anfang 2016 gestartet, um den traditionellen und in sich geschlossenen deutschen Buchmarkt mit flexiblen Strukturen, frischen Geschäftsmodellen und einer anderen Herangehensweise an Medien auf die Probe zu stellen.

Body Kitchen ist in der Überzeugung entstanden, dass man starke Inhalte, die ausschließlich im Internet verfügbar sind, durch eine Neuausrichtung – egal ob online oder offline – noch wesentlich mehr Menschen nachhaltiger zugänglich machen kann. Wie etwa die Kochvideos der erfolgreichsten Fitness-YouTuber Deutschlands, die jetzt jedem, der sich für eine gesunde Ernährung interessiert, in Buchform zur Verfügung stehen. Das funktioniert natürlich umso glaubwürdiger, wenn die Fitness-YouTuber auch selbst zu Gestaltern der Inhalte, in diesem Fall also zu Buchautoren, werden. Aufbauend auf ihrer Erfahrung, erscheint mit Body Kitchen nun das erste Grundlagen-Kochbuch zum Thema Fitness.

DIE ENTSTEHUNGSGESCHICHTE

Nachdem bei einem Frühstück beiläufig das Thema Fitness-Rezepte aufkam, hat sich die fixe Idee, „ein Fitness-Kochbuch von und mit Fitness-YouTubern" zu machen, zu etwas sehr konkretem entwickelt. Aus einer rohen Skizze wurde unser bisher ambitioniertestes Projekt Body Kitchen – Das Fitness-Kochbuch, für das am 4. September 2016 der Startschuss fiel.

Parallel zur Planung der Projektfinanzierung steckten wir im September schon mitten in der Buchproduktion. Wir suchten und fanden unser Team, mit dem wir ein Kochbuch produzieren wollten, das mit den „Großen" mithalten kann. Eine der erfahrensten Druckereien der Branche haben wir dabei als Partner gewonnen.

„AUS EINER ROHEN SKIZZE WURDE UNSER BISHER AMBITIONIERTESTES PROJEKT."

Die Gründer von Electric Elephant Publishing, Joris Zierold und Simon Berg bei Flying Uwe in der Küche.

SO GEHT ES WEITER

Um den professionellen Druck zu finanzieren und eine große Projektreichweite sicherzustellen, starteten wir eine Crowdfunding-Kampagne. Um das Buchkonzept intensiver zu testen, begannen wir außerdem mit dem Vorverkauf auf Amazon, wodurch wir frühzeitig die Startauflage erhöhen konnten. Im November 2016 befand sich Body Kitchen auf Amazon unter den zehn meistverkauften Büchern Deutschlands. Und auch die Crowdfunding-Kampagne konnten wir erfolgreich beenden.

Dass du also jetzt dieses Buch dein Eigen nennen kannst, ist das Ergebnis von einigen falschen aber auch vielen richtigen Entscheidungen, etwas Naivität, hervorragender Zusammenarbeit und der Unterstützung von vielen – von unseren Familien und Freunden, unserer Community, unserem großartigen Team und eben auch von dir. Danke dafür!

Wie es weitergeht, liegt auch nicht zuletzt an dir. Wir würden sagen, du fängst erst mal an zu kochen und setzt dich mit diesem Buch und im gleichen Zug auch mit deiner Ernährung auseinander. Wir sind gespannt, was Body Kitchen bei dir und allen anderen Fitnessköchen bewegt.

Deine Erfahrungen auf deinem Weg zu einem bewussteren Umgang mit deiner Ernährung und deinem Körper sind auch für uns interessant. Body Kitchen soll der Auftakt für neue Rezepte, Kochbücher und Ideen sein. Melde dich gerne, mit Fragen, Ideen, Kritik, allgemeinem Feedback oder einfach, um dich mit uns auf ein gesundes und leckeres Mittagessen zu verabreden.

Auf bald, dein Simon und Joris

TEXT UND LEKTORAT

KATRIN KOELLE | AUTORIN

Katrin Koelle weiß als Journalistin für Ernährung und Gesundheit, dass Fitness und Wohlfühlen zusammengehören. Wer nie genießt, ist selten glücklich; wer nur genießt, wird selten fit. Nur wer mit Verstand das Richtige genießen kann, fühlt sich wirklich rundum wohl – und genau darum geht es ihr bei diesem Buch.

STEPHANIE ARNDT | AUTORIN

Stephanie Arndt ist davon überzeugt, dass bereits Kleinigkeiten das Wohlbefinden verbessern können, zum Beispiel eine Hand voll Nüsse pro Tag. Deswegen hält die Journalistin für Ernährung und Gesundheit immer Augen, Mund und Ohren offen und hat hier die neuesten Erkenntnisse aus diesen Bereichen zusammengefasst.

BETTINA SNOWDON | LEKTORIN

Diplom-Oecotrophologin Bettina Snowdon setzt sich als Autorin, Lektorin und Übersetzerin für Koch- und Ernährungsbücher schon lange mit dem Thema gesunde Ernährung auseinander. Beim Lektorat der Texte haben sie besonders die fehlenden festen Regeln überzeugt – denn sie meint: Ernährung ist individuell und soll Spaß machen.

DAS SIND DIE UNTERSTÜTZER

Um dieses Buch zu realisieren waren wir auf euch angewiesen. Ihr habt uns während unserer Crowdfunding-Kampagne unterstützt und geholfen, dieses Buch Realität werden zu lassen. Jedem von euch sind wir sehr sehr dankbar. Ihr habt uns gezeigt, dass es bisher kein vergleichbares Buch gab und dass es sich lohnt, dies zu ändern.

Natürlich Danken wir auch dir, wenn du dir erst später das Buch geholt hast. Du bist ein ebenbürtiger Unterstützer und obendrein wahrscheinlich ein spitzen Fitnesskoch. Wir danken dir, stell dir einfach vor, als stünde dein Name auch auf dieser Liste, für uns tut er das.

DIE FOLGENDEN 379 PERSONEN HABEN UNSERE CROWDFUNDING-KAMPAGNE AUF STARTNEXT UNTERSTÜTZT:

· 1. Jori Mori · 2. Debora Viertel · 3. Lisa Nottenkaemper · 4. Anna Götting · 5. Till Berg · 6. DerTscheff · 7. Timo Verlaat · 8. Ibrahim Hamdy · 9. Marissa · 10. Maike Greine · 11. Anonym · 12. Tobiano Muccini · 13. Stefan B. · 14. Enrico · 15. Gero Lorenz · 16. Andre · 17. Pascal Reidies · 18. Roland Erler · 19. Karin Herberth · 20. Matthias Kühl · 21. Franz Herrmann · 22. Katja · 23. Samir · 24. Daniel · 25. Julius Hartmann · 26. Nicolas Reimann · 27. Frank Thomas · 28. Chair-Woei Miu · 29. Andreas Lüdtke · 30. Tatjana · 31. Borchi · 32. Leo Nickolaus · 33. Christian Wuttke · 34. Max · 35. Frederik · 36. Anonym · 37. Jouko Schäublin · 38. Marc Schneider · 39. Eugen Deis · 40. Lioba · 41. Britta Poezzsch · 42. Christian Konyen · 43. Wolfgang & Selma · 44. Julia Hackober · 45. Sven Neubert · 46. Maxi Matschiner · 47. Nils Stockfleth · 48. Nico Schmitt · 49. Jan Wilhelm · 50. Daniel Makein · 51. Mirco Holland · 52. Fabian Haas · 53. Niklas Reh. · 54. Pierre 'Null-Power' Braun · 55. Anonym · 56. Marc Ebner · 57. Daniel Krauß · 58. Laura J. · 59. David Gurlitt · 60. Timon · 61. Frank Fritsch · 62. Jürgen 'Schlauch' Weinrauch · 63. Patrick Masur · 64. Felix Jaintsch · 65. Michael Walter · 66. Nicolas Chenaux-Repond · 67. Tobi · 68. Thomas Matuschzik · 69. Achim Lenz · 70. Johannes Harstick · 71. Piotr Smykacz · 72. Rese · 73. Sylvia · 74. Anonym · 75. Anonym · 76. Gianmarco Fiordellisi · 77. Fabian Schweikert · 78. MaBu · 79. Dennis Meyer · 80. Henry Auffahrt · 81. Dominic · 82. Odwin Müller · 83. Sebastian plott · 84. Alexander Knoche · 85. Torsten Köth · 86. Sascha Eicker · 87. Thilo Ebsen · 88. Lukas Geweßler · 89. Dimitrios Kigmas · 90. Kevin Schmidt und Michelle Frommelt · 91. Alex · 92. Kristina K. · 93. Marcel Mörci · 94. Natalie Thiemig · 95. Uta · 96. Marcel Adebahr · 97. Christian · 98. Patrick Feesche · 99. Kevin Helm · 100. Michael · 101. Robin Seidel · 102. Philipp Radzuweit · 103. Stefan · 104. Stefan · 105. Thorsten Kitzmann · 106. Anton Sakautzky · 107. Michael · 108. Lars Heyna · 109. Christos · 110. Anna Szech · 111. Bastian · 112. Johannes Kling · 113. Anonym · 114. Sven · 115. Larissa · 116. Albrecht · 117. Tino Kreßner · 118. Janina Poole · 119. Andre · 120. Lennart Eickmeier · 121. Radde · 122. SamWinning · 123. Hulksheep · 124. Stephan Jaster · 125. Anonym · 126. Björn Bräker · 127. Sven Rauchert · 128. Anonym · 129. Timo und Ricarda · 130. Anonym · 131. Anonym · 132. Big O · 133. J. C. Martens · 134. Robert · 135. Lars Wellner · 136. Stefan Warth · 137. Anonym · 138. Cornelius · 139. Johann Ihnatisin · 140. Timo · 141. Christian Burbrink · 142. Ulf und Lotta Jacobs · 143. Schorschi · 144. Kai Ulmer · 145. Eckhard Schitter · 146. Jörg Werner · 147. Arne Bahnsen · 148. Nicole Zwölfer · 149. Manuel S. · 150. Simon · 151. Edgar · 152. Dominik Amshoff · 153. Samiha · 154. Susi & Daniel · 155. Benjamin Buck · 156. Malle · 157. Armin Fellini · 158. Für Cecilia, die Powerfrau · 159. Veronika Stricker · 160. Jannik · 161. Florian Helbig · 162. Pascal Maximilian aka Vegeta · 163. Tyrone Damsky · 164. Robert Kamhuber · 165. Pain & Gain · 166. J.B. · 167. Tim Schöllkopf · 168. Andreas Stängel · 169. Jens Distler · 170. Jannis Jacob · 171. Maximilian Fuchs · 172. Hannes · 173. Christian Tannigel · 174. David · 175. Nino · 176. Patrick · 177. Mathias Hutter · 178. Dominik Halamoda · 179. Sylvia Haendschke · 180. Daniel · 181. Anonym · 182. Philipp Baier · 183. Thomas Epple · 184. Jörg Wernerus · 185. Steven Carlini · 186. Frank Tilgner · 187. Sonja Drisch · 188. Chris Allan Pauls · 189. Josef · 190. Alan · 191. Benjamin Warnke · 192. Anonym · 193. Sven Hohmann · 194. Adem Bektas · 195. Wenno · 196. Michael Gaedig · 197. Christoph Becker · 198. Patrick Schick · 199. Saskia Misselwitz · 200. Alexander Zöller · 201. Alex · 202. Serko · 203. Fabio · 204. Sebastian · 205. Maciej Szajkowski · 206. Aaron Bartl · 207. KaiFive - That's Life · 208. Lucas Bukowski · 209. Jonas Schäfer · 210. Novendhi Reiner · 211. Stefan Schick · 212. Manuel Behrendt · 213. Alis · 214. Scepan · 215. Dustin · 216. Haselnuss · 217. Sebastian Goller · 218. Björn · 219. Gerrit Berends · 220. Sarah Harms · 221. Anonym · 222. Natascha Böhmler · 223. Francesco canale · 224. Robert · 225. Felix · 226. Marcel · 227. Till · 228. Dietmar Crisan · 229. Heiko · 230. Dennis · 231. Leah · 232. Florian Hammel · 233. Ralle · 234. René · 235. Carsten 'Multisaft7' Michels · 236. Daniel Roßburg · 237. Tristan · 238. Bytes · 239. Daniel Frey · 240. David Ott · 241. Luis Jablonski · 242. Markus Lowin · 243. Princess Moonlight · 244. bene · 245. Max Fuchs · 246. Micha · 247. Basit Hassan Malik · 248. Normen Pingel · 249. Dominic Walper · 250. Adrian · 251. Dennis Zorembski · 252. Moritz Plewa · 253. Timo Arling · 254. Michael Stöhr · 255. Nicole Pein · 256. David Ausbüttel · 257. Kevin Herrmann · 258. Anonym · 259. Andreas Gschaider · 260. Steffen · 261. Yasemin, Andreas Lisin · 262. Max Plensat · 263. Loris Cuddé · 264. Rene Kolley · 265. dasUSo · 266. Daniel Koyro · 267. Toni & Tobias Schmidt · 268. Alex · 269. Stingrays · 270. Faten Bargouth · 271. Hari Suresh kumar · 272. KevKr · 273. Marc-Andree Möller · 274. Alexander Buchmann · 275. Marvin · 276. Kilian Z. · 277. F.Steffen · 278. Hendrik We · 279. Marvin Gärtner · 280. Bär und Igli · 281. Kim Keller · 282. Tobi · 283. Norman Menz · 284. Berzi · 285. J. Andersson · 286. Pascal Veit · 287. Anonym · 288. Marc Strobel · 289. Matthias Berg · 290. Thomas Z. · 291. Martin Hornauer · 292. Svenja Milena Zierold · 293. Kay Schimank · 294. Eric Kuschka · 295. Stefan · 296. Nico · 297. De CLUB · 298. Christina · 299. René · 300. Raphael · 301. Yannick-Luca Bode · 302. Ralph Roth · 303. David Riske · 304. Andreas Grein · 305. James Imeri · 306. Anonym · 307. Tobias Buntenbach · 308. Dome · 309. Enrico May · 310. Max Auxel · 311. Simon Langewald · 312. Mona Dreisow · 313. Bastian · 314. Eisenrigler Andreas · 315. Simon Weise · 316. Kevin Haupert · 317. Luisakel · 318. Lukas Ian · 319. Leila Concetti · 320. Christoph Quehl · 321. Maike · 322. Anonym · 323. Ingo Saur · 324. Dan Müller · 325. Dominik · 326. Nawed Farooque · 327. Mr Kottel · 328. Johannes Ebbing · 329. Melanie · 330. Sarah Lee · 331. Vanessa · 332. Katrin & André · 333. Chris Becker · 334. Sofia Kermas · 335. Maurice Spitzner · 336. Marcel · 337. Nicola & Alex · 338. Alexander & Eugenia · 339. Sven · 340. J. Kasper · 341. Eric Bartsch · 342. Martin Krüger · 343. Tobias · 344. Ralf · 345. Jörn · 346. T. Hepe · 347. Maik Pena Maestre · 348. Marc B. · 349. Hoang Sa Nguyen · 350. Anonym · 351. Mibi <3 Glubschie · 352. Simon & Judith · 353. Jan-Eric Jessen · 354. Rudi Maaz · 355. Andreas Weidl · 356. Juliane Scholze · 357. Ulf1966 aus Quickborn · 358. Johannes Roth · 359. Henry & Liv · 360. Christian Treinen · 361. René Payer · 362. Alexander Müller · 363. Anonym · 364. Niklas Lapinske · 365. Adrian · 366. Seaghán Ó Troighthigh · 367. Shehroz Khan · 368. Anonym · 369. FS-Teamwork · 370. Marcello Aristide Giacometti · 371. sqb · 372. Malte · 373. Silvana und Jan-Martin Weisser · 374. Gustav Maria Hey · 375. Marilu · 376. Raphael Peitz · 377. Tobias Kobelt · 378. Sarii · 379. Michi Gerhards ·

REZEPTINDEX

HAUPTGERICHT

■ BLUMENKOHLAUFLAUF MIT HARZER KÄSE	**68**
■ BULGUR-SALAT	**176**
■ BURGER-WRAP	**58**
■ CAESAR-MANGO-SALAT	**104**
■ CHILI SIN CARNE	**119**
■ FITNESS-FLAMMKUCHEN	**136**
■ FRITTATA: ITALIENISCHES OMELETT	**50**
■ GEFÜLLTE SALSA-QUINOA-PAPRIKA	**174**
■ GEMÜSE-REIS-RÜHREI	**168**
■ GRÜNES AVOCADO-PESTO	**126**
■ HACKFLEISCH-BANANEN-PFANNE	**115**
■ JOGHURTMARINADE	**57**
■ KÜRBIS-MÖHREN-SUPPE	**170**
■ LACHS UND SÜSSKARTOFFEL-POMMES	**120**
■ LINSEN MIT MÖHREN	**70**
■ MEDITERRANE ZUCCHINI-BANDNUDELN	**138**
■ NUDELAUFLAUF MIT PUTE	**122**
■ ONE POT PASTA - KLASSIK	**74**
■ ONE POT PASTA - MIT HÄHNCHEN	**75**
■ ONE POT PASTA - MIT PILZEN	**74**
■ ONE POT PASTA - MIT RÄUCHERLACHS	**75**
■ PITA MIT COUSCOUS UND HÄHNCHENSPITZEN	**118**
■ PIZZA MIRACOLO - MIT BLUMENKOHLBODEN	**114**
■ PIZZA MIT THUNFISCHBODEN	**61**
■ ROTES PESTO	**126**
■ SPAGHETTI FORZA ITALIA	**133**
■ SÜSSKARTOFFEL-KUMPIR	**166**
■ VEGANE CARBONARA	**110**

■ VEGGIE-QUINOA-WRAPS	**180**
■ WASSER - ENTSPANNUNGSWASSER	**227**
■ WASSER - ZITRUSGRÜN	**227**
■ WOKGEMÜSE, CASHEWS UND LIMETTENSAFT	**48**
■ ZIMTMARINADE	**57**
■ ZUCCHINI-EIWEISS-LASAGNE	**134**
■ ZUCCHINIBODEN-PIZZA	**72**
■ ZUCCHINIPUFFER	**106**

PRE-WORKOUT

■ AVOCADO-SHAKE	**46**
■ GRÜNKOHL-CASHEW-SHAKE	**46**
■ KAFFEE-BOOSTER	**85**
■ PROTEINRIEGEL „SCHOKO-BOHNE"	**80**
■ QUINOA-PROTEINRIEGEL	**186**

POST-WORKOUT

■ APFEL-CRUMBLE MIT JOGHURT	**152**
■ MANDEL-PROTEIN-SHAKE	**86**
■ MASSEPHASE-ERDNUSS-SHAKE	**198**
■ SCHNELLE-WELLE-POST-WORKOUT-SHAKE	**86**
■ SUPERFOOD-SHAKE	**144**
■ TO-GO-PROTEIN-MINI-PIZZEN	**124**

ZWISCHENMAHLZEIT

- ANTIPASTI ALLA SIMONETTI — **132**
- BROTAUFSTRICH - AVOCADO-CREME — **206**
- BROTAUFSTRICH - HUMMUS — **206**
- BROTAUFSTRICH - MÖHREN-FETA-STREICH — **208**
- BROTAUFSTRICH - NUSSMUS — **208**
- BROTAUFSTRICH - SULTANS GLÜCK — **208**
- CHIA-LEINSAMEN-BROT — **204**
- DINKEL-PFANNKUCHEN — **196**
- EIWEISSBRÖTCHEN — **209**
- GEBACKENE EI-AVOCADO — **146**
- HAFERFLOCKEN-TRAUBEN-MÜSLI — **146**
- HERZHAFTES FRENCH-VOLLKORNTOAST — **108**
- KICHERERBSEN-THUNFISCH-SALAT — **130**
- KNABBERZEUG - KICHERERBSEN — **56**
- KNABBERZEUG - KIDNEYOHNEN — **56**
- KÖRNIGER FRISCHKÄSE - MIT DATTELN — **202**
- KÖRNIGER FRISCHKÄSE - MIT EIERN — **203**
- KÖRNIGER FRISCHKÄSE - MIT KRÄUTERN — **203**
- KÖRNIGER FRISCHKÄSE - MIT MÖHREN — **203**
- KÖRNIGER FRISCHKÄSE - MIT NÜSSEN — **203**
- KÖRNIGER FRISCHKÄSE - MIT THUNFISCH — **203**
- KÖRNIGER FRISCHKÄSE - MIT TOMATEN — **202**
- PARANUSS-KNUSPERMÜSLI — **194**
- PROTEIN-HAFERBREI MIT FRÜCHTEN — **78**
- QUARKBRÖTCHEN — **209**
- QUINOA-BANANEN-CREME — **88**
- ROTE-BETE-SALAT — **120**

■ SCHARFES DINKEL-ROSMARIN-BAGUETTE	**140**
■ TASSENKUCHEN	**85**
■ THUNFISCHSALAT FÜR GAMER	**52**
■ TO-GO-FRÜHSTÜCKSMUFFINS	**182**
■ TZATZIKI	**181**
■ ZUCCHINI-PIZZA-BOOTE	**128**
■ ZWIEBEL-BALSAMICO-DRESSING	**181**

SNACK

■ APFELCHIPS	**62**
■ APFELSPALTEN MIT MANDELMUS	**152**
■ BANANENBROT	**90**
■ BRATÄPFEL	**144**
■ BROKKOLIRIEGEL	**172**
■ ENERGIEKUGELN	**184**
■ FLAVIOS ERDBEEREISTRAUM	**148**
■ GEFRORENE WEINTRAUBEN	**84**
■ GEMÜSECHIPS - AUBERGINE	**67**
■ GEMÜSECHIPS - ROTE BEETE	**67**
■ GEMÜSECHIPS - SÜSSKARTOFFEL	**67**
■ GEMÜSECHIPS - WIRSING	**67**
■ GEMÜSECHIPS - ZUCCHINI	**67**
■ HARZER-KARTOFFELTALER	**76**
■ HEIDELBEER-PROTEIN-MUFFINS	**150**
■ HEIDELBEER-VANILLE-SCHAUM	**148**
■ LOW-CARB-MOHNKUCHEN	**192**
■ MARMORKUCHEN OHNE MEHL	**142**
■ PROTEIN-DONUT-KUCHEN	**188**
■ SCHOKO-ERDNUSS-EIS-MOUSSE	**190**

IMPRESSUM

Originalausgabe Electric Elephant Publishing UG (haftungsbeschränkt)
Bernstorffstraße 120, 22767 Hamburg, Deutschland
www.eep.media
Copyright © 2016 - alle Rechte vorbehalten.
Das Werk darf - auch teilweise - nur mit Genehmigung
des Verlags wiedergegeben werden.
1. Auflage Dezember 2016
Printed in Germany
Hardcover ISBN: 978-3-946513-99-5
E-Book ISBN: 978-3-946513-98-8

Rezepte und Porträt-Texte: Uwe Schüder, Flavio Simonetti, Rafael Stania, Electric Elephant Publishing
Autorinnen: Stephanie Arndt, Katrin Koelle
Lektorat: Bettina Snowdon
Fotografie und Food-Styling: Julia-Rosa Reis
Cover, Layout und Illustration: Silva Gigar
Verleger: Simon Berg, Joris Zierold
Druck: Mohn Media Mohndruck GmbH

Dieses Buch soll dazu beitragen, das Bewusstsein für eine ganzheitliche Gesundheit beim Leser zu stärken, um ihn zu informieren und zu inspirieren. Ärztlichen Rat kann dieses Buch allerdings nur ergänzen, nicht ersetzen. Die Ratschläge und Empfehlungen in diesem Buch wurden von den Autoren und dem Verlag sorgfältig durchdacht und geprüft, dennoch kann für die inhaltliche Richtigkeit keine Garantie übernommen werden. Die Zubereitung der im Buch beschriebenen Gerichte erfolgt selbstverständlich auf eigenes Risiko. Eine Haftung der Autoren bzw. des Verlags und seiner Beauftragten für Personen-, Sach- oder Vermögensschäden ist ausgeschlossen.

ELECTRIC ELEPHANT
PUBLISHING
www.eep.media

WWW.BODY-KITCHEN.DE

Wir wollen, dass Body Kitchen für viele Menschen der Auftakt, Inspiration und die Unterstützung auf ihrem Weg zu einem bewussteren Umgang mit ihrer Ernährung und ihrem Körper ist. Wenn du auch daran glaubst, dass eine bewusste Ernährung der Schlüssel für ein gesundes Leben sein kann, dann schließ dich uns an!

Benutze in Social Media den Hashtag #bodykitchen und folge uns auf Facebook www.facebook.com/bodykitchenkochbuch, sowie auf Instagram www.instagram.com/bodykitchen.de und Twitter www.twitter.com/bodykitchen_de